AF397468

GLOSSAIRE

DICTIONNAIRE DES LOCUTIONS OBSCURES ET DES MOTS VIEILLIS

QUI SE RENCONTRENT DANS LES

ŒUVRES DE JEHAN CALVIN

PARIS

LIBRAIRIE DE CH. MEYRUEIS ET COMPAGNIE

RUE TRONCHET, 2

1855

Paris. — Imprimerie de CH. MEYRUEIS et C., rue Saint-Benoît, 7. — 1855.

GLOSSAIRE

AVIS AUX LECTEURS.

Dans les citations, le premier chiffre indique le volume, et le second la page; les deux colonnes de la page sont désignées par les lettres A et B.

A

A CE QUE, de manière à ce que; pour que. IV, 523. B.

ABBASTARDIR, dégénérer; *s'abbastardir de l'espérance,* déchoir de l'espérance, déchoir en abandonnant l'espérance. IV, 71. B.

ABBAYER, aboyer.

ABESTIR, rendre sot, stupide.

ABOLISSEMENT, Abolition.

ABONDER, être dans l'abondance.

ABORDÉE, ou ABBORDÉE, s. f. Abord. *De première abordée,* de prime abord. IV, 279. A. *A la première abordée de la terre,* dès qu'ils atteignirent le pays. IV, 504. A.

ABUSEMENT, séduction.

ABUSEUR, trompeur, séducteur.

ABUSION, séduction, imposture. (1 Thess., II, 3.)

ACCEPTATEUR, celui qui fait acception, qui juge avec partialité, selon les apparences et non selon la vérité.

ACCIDENTAL, accidentel, ce qui n'appartient pas essentiellement au sujet, qui n'est pas inhérent à sa nature. I, 330. A.

ACCOINTABLE, sociable, facile à vivre.

ACCOINTANCE, relation, union, familiarité. I, 267. B.

ACCOINTER (S'), s'associer, se familiariser avec quelqu'un, hanter, fréquenter.

ACCOLLER, passer ses bras autour du cou pour embrasser, se jeter au cou de quelqu'un.

ACCOMODER à son propos, approprier à son but.

ACCOMPARER, comparer.

ACCORDANT A. *Qui ne soit bien accordant au jugement de tous;* qui ne s'accorde avec le jugement, sur lequel tout le monde ne soit d'accord.

ACCORDER. *Accorde difficilement de départir aux autres,* consent difficilement à faire part, ou distribuer aux autres. I, 251. B.

ACCOURAGER, encourager, exciter, animer.

ACCOUSTREMENS, habillements.

ACCOUSTRER, préparer, disposer.

Accoustrez le chemin, préparez le chemin.

ACCOUSTUMANCE, habitude, coutume. (Héb., V, 14.)

ACCROIST, s. m., surcroît, accroissement, augmentation. *Il le rendit capable de cest accroist qu'il luy vouloit faire;* il le prépara pour la grâce nouvelle qu'il voulait lui accorder. II, 718. B.

ACERTENER, rendre certain, affirmer, assurer. III, 450. B.

ACQUEST, s. m., gain, bien acquis, profit. *Vous serez mon propre acquest.* IV, 575. A.

ADDRESSE, ou ADRESSE, direction. III, 325. A.

ADDRESSER, ou ADRESSER, redresser, diriger. *Addresser ses pas,* diriger ses pas vers un but. *Être addressé par la règle de l'Escriture,* redressé par la règle de l'Ecriture. — Dresser, former. *Le S. Esprit addresse les langues à faire confession de la foi.* I, 258. A. — Disposer. *Dresser à entendre.* I, 753. A.

ADJECTION, addition, adjonction.

ADJOURNER, ajourner, assigner.

ADJURATION, s. f., exhortation pressante faite au nom de Dieu. Prières instantes pour conjurer les esprits malins, exorcisme. IV, 149. B.

ADJURER. Conjurer au nom de Dieu, supplier. *Ce mot emporte que non-seulement on fait entendre aux hommes ce qui est bon et droict, mais aussi qu'on les poind par exhortations et qu'on les ramène au jugement de Dieu.* IV, 121. B.

ADJUTEUR, aide.

ADMINISTRER *à quelqu'un,* le servir.

ADMONESTER, avertir, déclarer, reprendre (lat. *admonere*). I, 165. A.

ADONC, alors. *Jusques adonc,* jusqu'alors. *Le temps d'adonc,* le temps d'alors. IV, 454. A.

ADONCQUES, alors (lat. *tunc*). I, 89. B.

ADVENANT (A l'), en proportion.

ADVÉNEMENT, venue, arrivée.

ADVENIR, arriver, survenir (lat. *advenire*).

ADVIS. *Sembler advis,* sembler, paraître. II, 505. A.

ADVISER, réfléchir, considérer, peser, mûrir, examiner, user de prudence et de discernement. I, 310. A.

ADVOUER, avouer, reconnaître pour sien.

AFFAIRE, s. m. *Avoir affaire,* avoir besoin. *De quoi ont affaire vos prochains,* de quoi vos semblables ont besoin. I, 409. A. *Il n'y a pas grand affaire à,* il n'est pas difficile de. IV, 81. A.

AFFERMER, confirmer, affermir.

AFFÉTÉ, ou AFFETTÉ, qui a de l'affectation, trop recherché, impudent, effronté (*procax*). *Affettée danseresse.* III, 460. A.

AFFOLIR, troubler l'esprit, faire perdre le sens.

AFFRONTEUR, trompeur impudent.

AFIN. *Tend afin d'amoindrir,* a pour but d'amoindrir.

AGUETTEUR, celui qui épie, qui guette une proie.

AGUISER, aiguiser.

AHANNER, travailler avec peine, avec fatigue; comme une bête de somme accablée sous le fardeau.

AHEURTER (S'), se heurter contre.

AIGU, qui a de la pénétration. II, 153. A.

AINÇOIS, au contraire.

AINS, part. advers., mais.

AINSI. *Par ainsi,* de cette manière. *Si ainsi est que,* s'il est vrai que. *Comme ainsi soit que,* vu que, attendu que, cela étant. *Et qu'ainsi soit, comment eust peu satisfaire une si petite portion de sang : s'il en eût été ainsi,* comment, etc. IV, 461. A.

ALAIGREMENT, avec joie, de bon cœur, avec empressement.

ALAIGRETÉ, joie (lat. *alacritas*).

ALENVIRON. *Bourgades d'alenviron,* d'alentour; bourgades voisines.

ALIÉNÉ. *Être aliéné de,* être éloigné de, privé de, étranger à.

ALLÉCHEMENT ou ALLEICHEMENT, s. m., attrait, séduction, amorce.

ALLÉGENCE, s. f., soulagement. IV, 388. A.

ALLOUVI, insatiable, affamé comme un loup.

ALUYNE, s. f., absinthe.

AMBAGES, circuit et embarras de paroles, amas confus de paroles obscures et entortillées (lat. *ambages*).

AMBITION. *Avec une ambition*, à l'envi.

AMENER... *des exemples*, citer, indiquer des exemples. *Christ amène l'onction*, parle de l'onction. I, 139. A. *Amener une similitude*, proposer une similitude. I, 231. A.

AMER, aimer.

AMIABLE, amical, bienveillant.

AMPLIFICATION *de son dire*, développement de sa pensée, d'un discours, d'un sujet, etc.

AMPLIFIER *l'excellence d'une chose*, en faire mieux ressortir l'excellence.

ANGLET, coin, *chef de l'anglet*, principale pierre du coin.

ANNONCIATEUR, celui qui annonce, messager.

ANONCHALIR (S'), se rendre, ou devenir nonchalant. I, 383. A.

APERT, promesse *aperte*, promesse claire, manifeste (lat. *apertus*).

APERTEMENT, ouvertement, manifestement.

APOSTUME, enflure, tumeur, grosseur, abcès.

APOSTUMÉ, ulcéré.

APRÈS, *par après*, par la suite. Ensuite.

APPAREIL, apparat, pompe, grandes prétentions, grand attirail, grands préparatifs. *Dieu se moque de leurs grans appareils*. I, 34. B. (Lat. *apparatus*.)

APPAREILLER, préparer, disposer. Ex. : *J'ay appareillé mon disner*. (Matt., XXII, 4.)

APPARENCE, *avoir apparence*, paraître juste. I, 241. B.

APPAROIR, paraître.

APPAROISTRE (S'), se faire voir, se manifester, se montrer. (Matt., XIII, 26.)

APPARTENIR, *qui ne leur appartient en rien*, qui ne les concernât en rien. I, 276. A. *Tout ce qui appartient à sustanter nostre vie*, tout ce qui sert à soutenir, etc. *Ceste doctrine nous appartient*, cet enseignement nous concerne : *ainsi qu'il appartient*, comme on le doit, comme il est juste. I, 367. A.

APPERT, 3ᵉ pers. du présent du verbe impers. *apparoir*, être manifeste, évident ; futur, *il apperra.—Dont il appert*, par où l'on voit que, d'où il paraît que.

APPÉTER, désirer.

APPÉTIT, désir, goût, convoitise. *Abaisser sa vocation à l'appétit d'un homme*, au gré de ses caprices, selon ses goûts. *Estre poussé d'appétis désordonnez :* être mu par des passions mauvaises, déréglées. IV, 345. A.

APPÉTITIF, qui désire.

APPOINTEMENT, arrangement, ce qui accommode en justice, moyen de conciliation. III, 675. B. Propitiation (1 Jean, IV, 10.).

APPOINTER *ceux qui sont en discord*, accommoder, terminer à l'amiable. *Appointe à ton frère :* réconcilie-toi avec ton frère. (Matt., V, 24.)

APPORTER, produire, rapporter. (Marc, IV, 8.)

APPRÉHENDER, saisir, prendre possession, embrasser, saisir par l'esprit, comprendre.

APPRÉHENSION, compréhension. *Appréhension de nos sens*, ce que nos sens peuvent saisir. I, 245. B.

APPRESTER, préparer.

APPRINS, appris. *Mal-apprins :* grossier, inculte, ignorant. I, 13. B..

APPROBATION, preuve, confirmation. IV, 163. A. (Lat. *approbatio*.)

APPROCHE, rapports plus ou moins grands de ressemblance. I, 173. B.

APPROPRIEMENT, appropriation, accommodement, agencement. III, 800. A.

ARCHIER, archer, homme de guerre armé d'un arc.

ARDER, ou **ARDRE**, brûler. *Il ard*, part. *ars, arse*. (Lat. *ardere*.)

ARGUER, convaincre, reprendre, blâmer (lat. *coarguere*). (1 Cor., XIV, 24.) — Argumenter. III, 701. A.

ARRESTÉ, *gens de cerveau mal arresté*, léger, frivole, folâtre, *esprit arresté*, esprit éclairé, qui a un jugement sain (*mens bene composita*). II, 150. B.

ARROY, équipage, train.

ASÇAVOIR QUE, conj., c'est-à-dire, savoir que. I, 39. A.

Asçavoir-mon, si, etc. Savoir donc, savoir vraiment. (Voy. *mon*). *Il est tombé en une desfiance oblique asçavoir-mon*

si ce qu'il avoit ouy pourroit advenir.
I, 14. B. Est-il bien à savoir? peut-on douter que? *S'il punit les injures faites aux hommes asçavoir-mon s'il ne se vengera des siennes propres.* IV, 479. B.

ASPERGES, s. m., goupillon pour asperger.

ASSAUT, *il les assaut*, il les assaille, les attaque.

ASSÉCHER, sécher.

ASSEMBLÉÉMENT, adv., ensemble, à la fois.

ASSEMBLEMENT, s. m. *Faire l'assemblement*, réunir, rassembler.

ASSEMBLER A (S'), se réunir à. IV, 313.

ASSEURER. *Asseure-toy*, rassure-toi.

ASSIDUEL, continuel.

ASSIDUELLEMENT, avec assiduité, assidûment.

ASSIÉGEMENT, siége.

ASSIETTE, séance.

ASSOPIR, assoupir.

ASTRICTION, assujettissement, obligation.

ATTACHE. *Bailler une attache*, serrer de près de manière à ne pas laisser échapper; reprendre de manière à ôter toute excuse. IV, 719. A.

ATTEINTE, *parvenir à son atteinte*, atteindre son but, *donner une atteinte*, toucher en passant (*perstringere*). III, 74. A.

ATTENTER, essayer.

ATTITRER, charger d'un emploi, aposter, suborner.

ATTOUCHER *à quelqu'un*, s'étendre jusqu'à lui, l'atteindre. *Le blâme attouche à tout le peuple*, s'étend à tout le peuple. II, 531. A. — Concerner, regarder. *Ne leur attouche en rien*, ne les concerne en rien. — *Que nous attouche?* que nous importe? en quoi nous concerne?

ATTRAIRE, attirer.

ATTREMPANCE, modération.

ATTREMPÉEMENT, adv., avec modération.

ATTREMPER, modérer, se modérer.

ATTRIBUER louange, rendre la louange.

AUCUNEMENT, en quelque façon. — (Avec *ne*,) en aucune façon, nullement.

AUCUNS, quelques-uns. *Aucunes fois*, quelquefois.

AUDIENCE. *Faire audience au Seigneur*, l'écouter.

AUTANT (D') QUE, parce que, comme.

AVALLER, dévaler, faire descendre. *A bride avallée*, à bride abattue, sans frein, sans retenue.

AVANT. *Mettre en avant jugement aux Gentils*, annoncer le jugement, etc.

AVANT QUE. Avant que parler, avant de parler.

AVANTAGE (D'), de plus, il y a plus.

AVANTAGEUX. *Comme aucuns sont trop avantageux de dire*, comme s'expriment quelques-uns avec trop de présomption. II, 177. B.

AVENTURE (D'), peut-être, par aventure, par hasard.

AVERTIN, vertige, maladie de l'esprit qui rend furieux et opiniâtre.

AVIS. *Par certain avis*, avec réflexion, à dessein. I, 128. B. *Faute d'avis*, manque de réflexion, de sagesse, de jugement. *Sembler avis*, juger, estimer. *Selon ce qu'il leur estoit avis*, à leur avis, selon leur jugement. *Être avis à qvelqu'un*, estimer, juger.

AVISER QUE, veiller à ce que, prendre garde que. I, 325. A. Donner un avis, conseiller, avertir, agir avec discernement et sagesse.

AVOIR. *En avoir à quelqu'un*, lui en vouloir. (Matt., VI, 19.)

AVOLEZ. *Gens avolez*, coureurs, vagabonds. II, 873. B.

B

BAAILLER, bâiller. *Baailler après*, languir après une chose, éprouver de l'ennui d'en être privé.

BAGNAUDERIES, frivolités, puérilités, inepties.

BAILLER, donner. *Bailler de main*

en main, transmettre directement. *Bailler congé*, laisser aller, donner permission. (Act. XVI, 35.)

BALIER, balayer.

BALIEURES, ou BALLIEURES, balayures, immondices.

BANDE, corps de troupe, cohorte.

BANDER, soulever, roidir contre quelqu'un. *Bander son esprit*, l'appliquer fortement. *Se bander*, v. pron., s'opposer, se roidir, se soulever contre.

BANQUETER, faire un banquet, un festin.

BARBOTEMENT, paroles vaines, verbiage.

BARRES, empêchements, barrières.

BAS. *Mettre bas*, abaisser, renverser.

BASTARD, dégénéré, dénaturé, corrompu. *Façon d'enseigner bastarde*. I, 140. A.

BASTELLERIE, jongleries.

BASTILLON, petit fort, forteresse.

BASTIMENT *du monde*, construction, arrangement du monde.

BASTON, dard, flèche, trait. *Le plus mortel baston que Satan ait point c'est le mensonge*, Satan n'a pas de trait plus meurtrier que le mensonge. II, 188. A.

BATAILLER, lutter, combattre, s'opposer à.

BATURES, coups. *Bature de verges*, flagellation.

BAVERIE, s. f., vain babil, bavardage, fadaises, niaiseries. *Il n'y a que baverie et affectation en tout ce qu'ils disent*. I, 140. A.

BAYER, désirer ardemment.

BÉLISTRE, bélître, coquin, gueux, misérable, homme de rien.

BELLEMENT. Tout bellement, tout doucement, avec modération. I, 168. B.

BÉNÉFICES, bienfaits (lat. *beneficium*).

BENEIT, béni.

BÉNIN, bon, doux, débonnaire, *qui a une douceur et courtoisie tant és mœurs qu'au visage et en propos*.

BESOIN. Faire besoin, être nécessaire. *Estre de besoin*, être nécessaire.

BESONGNE, affaire, occupation. *Aller en besongne*, aller à l'ouvrage, au travail.

BESONGNER, opérer, travailler, agir.

*BESTIAL, s. m., bétail.

BEUVERIE, s. f., excès dans le boire, habitude de godailler. (1 Pierre, IV, 3.)

BIEN FAIRE à quelqu'un, lui faire du bien. IV, 619, B.

BIEN-HEURÉ, part. de *bienheurer*, rendre heureux (de heur, bonne fortune, bonheur).

BLANC. *Mettre à blanc*, mettre à nu, dépouiller.

BLANDISSEMENT, s. m., adulation, flatterie (lat. *blandities*).

BLASONNER, critiquer, médire, diffamer, déshonorer. I, 571. A.

BOBULAIRES, rapsodies, inepties, absurdités, sottises (du latin, *bos*). I, 29. A.

BON HEUR, bonne fortune, prospérité, réussite.

BOUCHIER, s. m., boucher.

BOUGRE, infâme (lat. *pæderasta*).

BOURRELLERIE, métier de bourreau, autorité cruelle.

BRANSLE (En). *Etre en bransle*, être ébranlé : être indécis, être partagé.

BRAVEMENT, avec ostentation, par forfanterie, par jactance.

BRAVER (SE), se vanter.

BRAVERIE, forfanterie, bravade.

BRAVETÉ, disposition à la forfanterie, jactance, magnificence. I, 375. B.

BRAYE, culotte, caleçon, haut-de-chausse.

BRAYEMENT, cri, gémissement. (Mat., II, 18).

BRIDE. *A bride avallée*, à bride abattue : sans frein, sans retenue.

BRIEF. *En brief*, en un mot. *A brief dire*, pour le dire en peu de mots.

BRIGANDERIE, lieu où l'on assassine, coupe-gorge. I, 359. B.

BRISÉES. *Rompre les brisées*, déjouer, déconcerter des plans.

BROCARDER, railler, insulter.

BROCARS, injures, railleries.

BROCHE. *Couper broche*, couper court, arrêter brusquement, ôter tout appui, tout prétexte, répondre d'une manière péremptoire. *Couper broche à cette femme*, la réduire au silence. *Rompre la broche à toute response*, couper court à toute réponse, ôter tout moyen de répondre.

BROUILLERIE, bévue. I, 654, B.

BRUIT, réputation. *Estat qui n'est pas de fort bon bruit,* qui n'est pas de très bonne réputation. *Donner bruit,* donner de la réputation. *Acquérir bruit,* acquérir de la réputation.

BRUSLEMENT, état de ce qui brûle. Métaph., se dit de l'effet d'une passion sur le cœur. I, 163. B.

BUFFES, coups, soufflets.

BUFFETER, battre, maltraiter, souffleter.

C

CARESSE. *Faire caresse,* féliciter, complimenter, témoigner de l'amitié à quelqu'un (lat. *carus*). I, 28. B.

CAS. *Ce n'était pas peu de cas,* ce n'était pas chose de peu d'estime, de petite importance.

CAUT, prudent, rusé.

CAUTÈLE, s. f., ruse, finesse, prudence.

CAUTELEUSEMENT, par ruse, artificieusement.

CAVILLATION, sophisme, raisonnement captieux, fausse subtilité, mauvaise chicane.

CAVILLER, subtiliser, faire des sophismes. III, 506. B.

CE, cela. *Que ce suis-je.* Ce que je suis.

CE, pour *il, on. Quand ce viendra au combat,* quand on en viendra au combat. I, 657. B.

CÉANS (ce ans), ici dedans.

CÉLER, cacher.

CELUY. *Il n'y a celuy de nous,* il n'y a personne d'entre nous qui, etc.

CENSE. *Prendre à cense,* affermer.

CENSIVE, redevance.

CEPENDANT, pendant cela, pendant que, tandis que. *L'Eglise, cependant qu'elle est en ce pèlerinage.*

CERCHER, chercher. IV, 547. B. (Ital. *cercare*).

CERTAINETÉ, certitude.

CERTIFICATION, s. f., confirmation. IV, 280. B.

CESTUY, celui.

CHACUN. *Un chacun arbre,* chaque arbre.

CHAILLE, 3e p. du prés. de l'ind. du v. *chaloir. Ne t'en chaille pas,* ne t'en mets pas en peine.

CHALOIR, se mettre en peine, se soucier. Prés. de l'ind. (3e p.) chaille.

CHALUST, Imp. du subj., de *chaloir,* se soucier.

CHAMPÊTRE, lieu champêtre, plaine.

CHANTRERIE, chants monotones et ennuyeux. I, 177. A.

CHAPPERON, coiffe, manteau, camail de religieux. I, 140. A. (Marc, I, 22.)

CHARACTÈRE, empreinte, marque, signe.

CHARGE. *Faire une charge,* la remplir.

CHARGER SUR, accuser, reprocher, attaquer.

CHARTRE, s. f., prison. *Les esprits qui estoyent en chartre.* (1 Pierre, III, 19.)

CHASTIER, châtier, corriger.

CHAUT, de *chaloir,* se soucier, se mettre en peine de — *Il ne m'en chaut,* il m'importe peu.

CHÉANT, part. de *cheoir,* tomber.

CHEE, prés. du subj. de *cheoir,* tomber.

CHEF, tête.

CHEF (A), *Amener à chef,* achever, accomplir.

CHEMIN. *Se faire chemin,* se frayer une route.

CHEMINISSIEZ, imp. du subj. de *cheminer,* au lieu de *cheminiez.*

CHEOIR, tomber, fut. cherrai; p. passé, cheut; p. prés. chéant.

CHÈRE, *faire chère et caresse,* régaler, faire fête, faire bon accueil. I, 152. B.

CHERRA, fut. de *cheoir,* tomber.

CHEUT, E, part. de *cheoir,* tomber.

CHEVALEUREUX, adj., brave, vaillant. *Faits chevaleureux,* actes de bravoure, de courage.

CHEVANCE, s. f., le bien qu'on a.

CHEVAUCHEUR, cavalier.

CHEVESTRE, licou, muselière, lien. III, 166. B.

CHEVREULE, chèvre sauvage, chevreuil.

CHICHETÉ, avarice, pauvreté. *Chicheté de la foy*, pauvreté de la foy. I, 236. A

CHOPPEMENT, achoppement, écueil, obstacle, occasion de chute.

CHOPPER ou CHOPER, s'achopper, se heurter contre, se scandaliser. *Faire chopper*, faire broncher.

CHOQ, choc.

CHORDEAU, corde.

CHRÈCHE, crèche.

CHRESTIENTE, s. f., christianisme, IV, 634. B; l'Église chrétienne. IV, 146. B.

CI. *Que c'était-ci*, que ceci était.

CIGOIGNE, s. f. cigogne.

CIRCONSTANCE DU PROPOS. Ce qui entoure, accompagne un discours, une proposition pour en déterminer et en préciser le sens. I, 189. B.

CIRCUIRE ou CIRCUIR, faire le tour, se promener à l'entour (lat. *circumire*).

CIRCUIT, tour, environs, lieux d'alentour, circonvoisins.

CLAIR (A), adv., clairement.

CLAUSULE, s. f., sentence détachée, parenthèse (lat. *clausula*). I, 193. B. II. 378. A.

CLERC, homme lettré.

CLOCHEMENT, s. m., ce qui cloche, ce qui empêche de marcher droitement. IV, 546. B.

CLOS. *A clos yeux*, les yeux fermés.

CLOSTURE, s. f., clôture, cloison.

COÉTIVER, concevoir, échauffer, couver.

CŒUR. *Aller avec vray cœur*, de tout son cœur, avec une pleine confiance. (Héb., X. 22.)

COGITATION, pensées, réflexion.

COGNOISTRE, connaître.

COIGNÉE, hache.

COLLOQUER, ranger, placer dans un certain ordre, disposer.

COMBATEUR, combattant

COMBIEN QUE, bien que, quoique, lors même que.

COMME AINSI SOIT QUE, comme, puisque, d'autant que (lat. *cum*). I,

696. B. Tandis que (2 Pierre, II, 11). Bien que. IV, 762. B.

COMMUN. *Faire commun*, communiquer, faire part de.

COMMUN (Le), le public. *Vivre sur le commun*, vivre aux dépens des autres.

COMPAROIR, comparaître.

COMPASSEMENT, arrangement, disposition, tempérament, retenue, ordre, mesure. *Il ne sera point question qu'il puisse enseigner s'il n'y a en lui un compassement égal*, un tempérament égal, de la retenue. IV, 293. A.

COMPASSER, mesurer, calculer, régler (lat. *perversa ratio est*). *C'est mal compassé*, c'est mal calculé, le compte est faux. II, 379. A.

COMPÉTEMMENT, adv., d'une manière compétente, suffisamment, convenablement. *Avoir compétemment pitié*, avoir pitié avec connaissance de cause. IV, 407.

COMPÉTER A, appartenir à quelqu'un en vertu d'un droit, lui être propre, convenir, se rapporter à, concerner.

COMPLEXION, habitude, inclination, état d'une personne, manière d'être (lat. *complexus*).

COMPRENDRE, contenir, embrasser.

COMPRINS, compris.

CONDUITE, direction. *Se laisser gouverner par la conduite céleste*, se laisser gouverner ou guider par une direction d'en haut.

CONFÉRENCE. *Faire conférence*, conférer, comparer, faire un rapprochement entre. IV, 433. A.

CONFÉRER AVEC, comparer à, mettre en parallèle avec (lat. *conferere*).

CONFERMER, rendre ferme, affermir, fortifier, confirmer, affirmer. *Confermer sa foi*, la fortifier.

CONFESSION, s. f., profession. *Tenons la confession*, retenons la profession. (Héb., IV, 14.)

CONFICT *en sel*, assaisonné de sel. *Confict en un méchant contemnement de Dieu*. Plein d'un méchant mépris de Dieu. I, 197. B.

CONFUS. *En confus*, d'une manière confuse, indistincte, avec confusion. *Etre en confus*, en confusion, embrouillé, confondu, en désordre.

CONFUTER, réfuter (lat. *confutare*).

CONGÉ, permission. *Se donner congé,* se permettre.

CONGRATULATIONS , félicitations (lat. *congratulatio*).

CONJOINDRE ENSEMBLE, unir, lier ensemble.

CONJONCTION, union, lien, parenté (lat. *conjunctio*).

CONQUESTER, faire la conquête.

CONSCIENCE. *Faire conscience,* se faire scrupule. I, 190. A.

CONSENTIR, être du même sentiment, être d'accord. III, 250, A.

CONSIDÉRATION, action de considérer. *De les élever en la considération,* de les porter à considérer, de diriger leur attention sur.

CONSIDÉRÉ, eu égard à.

CONSIGNER, assigner, accorder, promettre. *Ils lui consignèrent trente pièces d'argent,* ils lui accordèrent ou lui votèrent trente, etc. (Matth., XXVI, 15.)

CONSISTER, subsister, exister, se maintenir, demeurer debout, demeurer ferme, être. (Col., I, 17.)

CONSONANT. *Être consonant,* s'accorder, convenir à, être conforme à (lat. *consonare*).

CONSORS, qui a un même intérêt dans une affaire. *Consors de la promesse,* participant de la promesse.

CONSTITUER, placer, mettre. *Elle constitue toute sa gloire aux bénéfices de Dieu,* elle met toute sa gloire dans les bienfaits de Dieu. I, 32. B. (Lat. *constituere*.)

CONTE. *Faire conte,* estimer, tenir compte. *Estre appelé à conte,* être appelé à rendre compte.

CONTEMNANT, part. de contemner, mépriser (lat. *contemnere*).

CONTEMNEMENT, mépris.

CONTEMPTEUR, s. m. Qui méprise (lat. *contemnere*).

CONTEMPTIBLE, méprisable, misérable (lat. *contemnere*).

CONTENANCE, mouvement du corps, action. *Il le faisoit parler et faire toutes autres contenances à son plaisir,* faire tout autre mouvement à son gré. I, 140. A. *Faire contenance de,* se disposer à, se mettre en devoir de. *Ne fai-*sant aucune contenance d'enseigner, *mais jouant un personnage sans parler,* ne se faisant point un devoir d'enseigner, mais remplissant un rôle muet. IV, 216. A.

CONTRAINT, forcé. *Sens contraint,* sens forcé.

CONTRARIÉTÉ, contradiction. I, 344. B.

CONTRE-BAS, de haut en bas, contre terre (lat. *seorsum*).

CONTREGARDER, garder, préserver, défendre contre des attaques.

CONTREPOIL (A), en sens contraire du poil, en sens contraire, de travers.

CONTREROLLER, contrôler, critiquer. I, 195. A.

CONTREVENANT, TE, qui est contraire, opposé. Ex. : *Crainte point contrevenante à la foi.*

CONTUMÉLIE, affront, injure, outrage (*contumelia*).

CONVENANCE, conformité, ressemblance, rapport (lat. *similitudo*). I, 230. A.

CONVERSATION, s. f. Manière de vivre, conduite. (1 Pierre, II, 12.) *Conversation domestique ;* intimité, familiarité. I, 137, A.

CONVERSER, être ordinairement, demeurer (lat. *versari*). (Phil., I, 27.) *Jésus ne converse pas aujourd'hui au monde,* ne vit pas, ou n'habite pas aujourd'hui dans le monde. I, 82. A.

CONVIEMENT, invitation.

CONVOYER, escorter, accompagner, contribuer aux frais du voyage de quelqu'un. IV, 346. A

CORONNÉ, couronné (lat. *coronatus*).

COUARD, plur. COUARS, lâche, poltron.

COUARDISE, poltronnerie, lâcheté.

COUCHER SON DIRE, arranger son discours. *Coucher son dire selon la circonstance du propos qui avoit esté tenu,* accommoder sa parole au sujet particulier qui avait été proposé, ou à la question qui avait été agitée ; approprier son discours à la circonstance. II, 129. B.

COULER, s'abandonner, se laisser aller. *Couler à une affection charnelle,* se laisser entraîner à une affection charnelle. II, 301. A. *Qui nous fait couler à simulation,* qui nous entraîne à la dissimulation. II, 272. B. *Couler légèrement,* passer légèrement, toucher légèrement en passant, glisser sur un sujet, l'effleurer.

COULEUR, apparence, prétexte, excuse (lat. *color*). *Sous couleur de l'humilité,* sous l'apparence de l'humilité. *Servir de couleur pour abuser,* servir de prétexte pour séduire, servir à tromper par de belles apparences. *Réponse qui n'a point de couleurs,* réponse qui n'a aucune apparence de raison, de vérité, etc. I, 162. B. II, 90. A. *Couleur plaisante,* apparence séduisante, raison captieuse.

COULEURS DE RHÉTORIQUE, figures de rhétorique.

COUPEAU, sommet, cime, croupe d'une montagne.

COUPER BROCHE. *Voy.* BROCHE.

COUPLER, joindre deux à deux, unir.

COUPPE, coupure, incision.

COUR, s. m. Cours, mouvement, course, marche naturelle. IV, 267. A.

COURAGE, cœur, désir, affection, sentiment (lat. *animus*). *De courages si envenimez,* avec des sentiments si envenimés, avec tant d'aigreur, d'amertume (lat. *animis infestis*). *Nos courages défaillent,* nos esprits, nos cœurs défaillent.

COURAGE (De), avec courage, avec cœur, avec empressement. (Lat. *ex animo*.)

COURAGEUSETÉ, courage.

COURT. *Pour le faire court;* pour le dire en peu de mots. En un mot.

COURT (De), de près, étroitement. *Tenir de court,* serrer de près.

COURIR SUS, poursuivre, attaquer.

COUSTEAUX, coteaux.

COUSTUMIER (Etre), être accoutumé à, avoir l'habitude de.

COUSTUMIÈREMENT, habituellement, ordinairement.

COUVERTEMENT, en termes couverts. I, 55. A.

COUVERTURE, enveloppe, voile. *Couverture d'infirmité,* voile de l'infirmité. I, 88. A. Apparence; raison apparente qui cache le vrai motif, prétexte. I, 536. B. I, 568. A.

COUVRE-CHEF, bandage qui enveloppe la tête. Tout ce qui sert à couvrir la tête.

COY. *De pied coy,* de pied ferme.

CRÉDITEUR, créancier.

CRESTE, crête. *Lever la crête,* s'enorgueillir, s'en faire accroire, s'élever.

CRÉTEIN, Crétois.

CREU. Cru, part. de croire.

CRÉVÉ, augmenté, accru (lat. *crescere,* p. *crevi*). II, 554. A.

CRIE PUBLIQUE, criée, publication judiciaire, proclamation.

CROIRE (A). *Se faire à croire,* se persuader, se flatter que.

CROISTRE, augmenter, agrandir.

CUIDER, croire, penser, s'imaginer.

CUIDER, s. m. Un cuider, une croyance, une opinion. III, 649. A.

CURIEUSEMENT, soigneusement, exactement, avec précaution (lat. *cura, curiosè*).

CURIEUX, soigneux, exact (lat. *curiosus*). I, 556. A.

CURIOSITE, soin, recherche. *Curiosité en habillement,* recherche dans le vêtement. (Lat. *cura*.)

D

DAMNEMENT, condamnation. (1 Cor., XI, 34.)

DANSERESSE, danseuse.

D'AUCUNS, quelques-uns.

DÉBAGOULER, vomir; laisser échapper sans discrétion tout ce qui vient à la bouche, dire sans retenue des choses absurdes, fausses, mauvaises.

DÉBATRE, disputer, quereller.

DÉBILITÉ, infirmité, faiblesse.

DÉBOUTEMENT, rejet, mépris. Ex. : *Il y a grande différence entre une bonne façon de se donner garde d'estre trompé et un déboutement téméraire.* I, 206. A.

DÉBOUTER, rebuter, rejeter, repousser. (Act., XIII, 86.)

DEBTEUR ou DETTEUR, débiteur.

DÉCEVEUR, trompeur, séducteur.

DÉCHET, 3e pers. du prés. de l'ind. du v. *décheoir.*

DÉCLINER, tomber, déchoir. pencher vers la ruine. IV, 617. B.

DÉCLIQUER; faire du bruit. *Décliquer avec la langue,* faire du bruit avec la langue, parler légèrement, à tort et à travers, sans réflexion, sans retenue. III, 145. B.

DÉCOURS, s. m., décroissement. *Décours de la lune,* décroissement de la lune. I, 454. A.

DÉCRACHER, cracher, rejeter avec mépris, conspuer.

DÉDUICT, s. m., étude, application, soin, désir, plaisir (Calv. *studium*). Ex.: *Leur seul déduict est de courir et tracasser.* I, 247. A.

DÉFAILLIR, manquer, être privé de.

DÉFAILLANT (Estre), être dépourvu de. *Que personne ne soit défaillant de la grâce de Dieu.* (Héb., XII, 15.)

DÉFAUT, prés. de l'indic., 3e pers., de *défaillir,* manquer.

DÉFAUT, s. m., ce qui manque, privation, absence, imperfection, faiblesse (lat. *defectus*). I, 258. A.

DÉFAUTE, défauts. I, 234, A. *Faute.* (Eph., II, 1.)

DÉFENSES, s. f., réponse devant des juges pour se justifier, moyens de défense. *Amener ses défenses,* produire ses moyens de défense, se défendre. IV, 258. A.

DÉFINEMENT, fin, cessation, dépérissement, tendance à la ruine, décadence. Ex.: *Nous sommes incitez à méditer le définement de la vie présente.* III, 562. B.

DÉFLUXION, écoulement.

DÉFORMITÉ, infamie, flétrissure, honte, ignominie. Ex.: *la déformité de la croix.* I, 376. A. (Lat. *deformitas*.)

DÉFRAUDER, frustrer, priver injustement. II, 482. A.

DEHAIT, TE, adj., content, satisfait. Ex.: *La conscience n'est point dehaite.* III, 244. B.

DÉITE, divinité (lat. *deitas*).

DÉJECTION, rejection, mépris, humiliation, abaissement.

DEJETTER, renverser, jeter bas, repousser, rejeter (lat. *dejicere*).

DELA, au delà. *Dela l'eau,* au delà de l'eau.

DELASCHER, lâcher, laisser échapper. *L'indignation de Dieu de laquelle la pesanteur se délaschera sur, etc.,* se déchargera sur, etc. III, 35. B. *Délascher une menace,* laisser échapper une menace.

DÉLAYER ou DILAYER, renvoyer, retarder, différer.

DÉLECTATION, plaisir, contentement, satisfaction (lat. *delectatio*).

DELICATETÉ, délicatesse.

DÉLICIEUX, qui vit dans les délices. *Un homme délicieux,* voluptueux. I, 119. A.

DÉLIVRE (A). *Estre à délivre,* être libre, être affranchi d'un joug. I, 372. B.

DÉLOYAL, injuste, mauvais, méchant. *Déloyal à estimer les œuvres de Dieu,* mauvais, injuste appréciateur des œuvres de Dieu. I, 180. A.

DÉMENER, remuer, agiter, pousser de côté et d'autre. *La conscience estant démenée çà et là,* étant tiraillée en sens divers. I, 3. A. *Les affections ne cessent de se démener,* de se remuer, de s'agiter, etc.

DÉMETTRE (SE), condescendre, s'abaisser. Ex.: *Puisque Dieu daigne se démettre jusqu'à nourrir nos corps.* I, 181. B.

DEMEURANCE, demeure, habitation.

DEMEURANT, s. m., le reste. IV, 392. A. *Au demeurant:* du reste, d'ailleurs.

DEMI, incomplet. Ex.: *Adjouster quelque chose à ceste doctrine, comme si elle estoit imparfaite ou seulement demie.* II, 328. B.

DE MOY, pour ma part. IV, 317. B.

DÉMONSTRANCE, démonstration, preuve, manifestation, révélation, ce qui démontre ou manifeste. *La démonstrance de Dieu par laquelle il déclare sa gloire:* les œuvres de Dieu qui le démontrent, qui le manifestent, par lesquelles, etc. III, 26. A.

DÉMONSTRANT, TE, adj., qui témoigne, qui fait preuve, qui fait profession.

DÉPARTIR, partager. Ex.: *Il départit ses despouilles.* (Luc, XI, 22.) *Dé-*

parti, séparé, divisé. Ex. : *Des langues départies.* II, 452. A. *Se départir*, se séparer, partir. (Matt., XXV, 41.) *Départez-vous de moy*, éloignez-vous de moy. (Luc, XIII, 27.) (Lat. *partitus.)*

DÉPARTIR, subst. m., le départ.

DÉPARTEMENT, départ. I, 28. A.

DÉPENDRE ou DESPENDRE, dépenser (lat. *dispendere).*

DÉPESTRER, dégager, débarrasser.

DIVERTIR, détourner, éloigner, écarter (lat. *devertere).*

DÉPORTER (SE), s'abstenir, se désister, renoncer à. Ex. : *Se déporter de poursuivre son droit*, se déporter de faire son devoir. I, 257. A.

DÉPUTER, destiner, vouer à, dédier, consacrer (lat. *deputare).* II, 402. A.

DÉRIVATION, déduction, conséquence tirée d'un fait. I, 248. B.

DERNIER (pour le), en dernier lieu, enfin.

DÉROGUER, faire quelque chose de contraire à un droit, à un état, etc.; changer en mal, déroger, dépouiller quelqu'un de son droit, lui faire tort. *On ne leur dérogue rien*, on ne leur fait aucun tort, on ne les prive de rien. IV, 274. B. *Déroguer à la révérence*, manquer au respect. I, 465. A. *Déroguer la grâce*, l'amoindrir, l'affaiblir, la dénaturer. II, 828. B. (Lat. *derogare.)*

DÉSARROYER, mettre en désarroi, désorganiser, renverser, bouleverser. III, 41. B.

DESBAUCHEMENT, débauche.

DESBORDEMENT, s. m., excès, abus, désordre, transgression de la loi. I, 168. A.

DESBORDÉMENT, sans frein, sans retenue, immodérément.

DESBORDER (SE), rejeter tout frein.

DESCHASSER, chasser, poursuivre, persécuter. (1 Thess., II, 15.)

DESCHASSEMENT, expulsion.

DESCONFIRE, défaire entièrement, battre, tailler en pièces, ruiner (lat. *conficere).*

DESCONFITURE, déroute, défaite, ruine, destruction.

DESCRIPTION, rôle, enregistrement, inscription. I, 63. B. Dénombrement. (Act., V, 37.) (Lat. *descriptio.)*

DESDIRE, ne pas ajouter foi. *Estre desdit*, ne pas être cru. I, 15. A.

DÉSERVIR, mériter (lat. *deservire).* (Héb., X, 29.)

DESFAIRE, détruire, faire mourir. Ex. : *Craignez celuy qui peut desfaire l'âme.* (Matt., X, 28.)

DESFIGURÉ, sans apparence (lat. *deformis).* I, 274. B.

DESFRAYER, dépenser.

DESGASTER ou DÉGASTER, dévaster, ravager, causer du dégât.

DESGOISER, jaser, prononcer légèrement beaucoup de paroles. Ex. : *Qui aesgoisent à Dieu dans leurs prières beaucoup de paroles.* I, 176. B.

DESGOUTEMENT, s. m., mépris, dégoût.

DESLOYAL, infidèle, méchant, injuste. (2 Tim., II, 13.)

DESLOYAUMENT, déloyalement, infidèlement, injustement.

DESLOYAUTÉ, infidélité, désobéissance. I, 165. B. Méchanceté. IV, 354. A.

DESNUER, dépouiller.

DÉSORDONNÉMENT, d'une manière irrégulière, désordonnée.

DESPENDU, part. de *despendre*, dépenser.

DESPENS, frais. *Faire leurs despens*, payer leur dépense. I, 253. A.

DESPENSE, administration d'une maison, office de celui qui est chargé de l'approvisionner, économat (lat. *dispensatio).* (Luc, XVI, 3.)

DESPENSIER, s. m., un économe, intendant d'une maison.

DESPESCHER, expédier, achever promptement une affaire, tuer.

DESPIT. *Provoquer à despit*, dépiter, aigrir, irriter.

DESPIT, TE, adj., impatient, chagrin, furieux, emporté. II, 460. B.

DESPITEUX, adj., plein de dépit, d'aigreur, d'amertume. *D'un chagrin si despiteux*, d'un chagrin si plein d'amertume. *Etre despiteux*, s'irriter, s'aigrir. (1 Cor., XIII, 5.)

DESPLAISANT (Estre), être peiné, affligé.

DESPRISER, mépriser. *Ne desprisez point les prophéties.* (1 Thess., V, 20.)

DESPROUVEU, dépourvu.

DESREIGLEZ, pl. de *desreiglé*, déréglé.

DESROMPRE, briser entièrement, mettre en pièces, agiter violemment (Marc., IX, 18, 26.) (lat. *disrumpere*).

DESSUS. *Ce que dessus dessous*, sens dessus dessous.

DESTACHER, laisser aller, abandonner. *Destache ses affections ne plus ne moins que flèches pour parvenir jusques au ciel :* lancer ses désirs vers le ciel comme autant de traits. I, 176. B.

DESTORSE, s. f., détour. Ex. : *La vie des infidèles est comme un labyrinthe de plusieurs destorses.* IV, 27. B. (Lat. *distorsio.*)

DESTOURBER, troubler, brouiller, confondre, renverser, empêcher (lat. *disturbare*).

DESTOURBIER, s. m., empêchement, obstacle, entraves (lat. *disturbare*).

DESTROITS, lieu étroit où l'on souffre de la gêne, de la contrainte. Etat malheureux dont on ne peut se tirer. Dure nécessité, fâcheuses extrémités. (Lat. *angustiæ.*) *Nous sommes comme enserrez en des destroits, mais le Seigneur nous fait ouverture.* III, 562. A. *Nous nous serrons en des destroits d'une timidité damnable*, nous nous renfermons dans les étroites limites d'une coupable timidité. I, 603. A.

DESVELOPPER (SE), se débarrasser, se tirer d'une difficulté, se dégager. Ex. : *Se desvelopper d'une objection, se desvelopper du tort qu'on lui veut faire.* I, 68. B.

DESVOYANT, qui trompe, qui égare, qui détourne du vrai chemin, faux. *Le sens lourd et desvoyant de la loy :* le sens grossier et faux que les commentateurs avaient donné à la loy.

DESVOYEZ, part., détournés de la voie. *Desvoyer*, faire sortir de la voie. *Se desvoyer*, se déranger, s'égarer, dévier.

DÉTESTABLE devant le monde, haï du monde.

DÉTEUR, s. m., débiteur.

DÉTRACTER de quelqu'un, le dénigrer, le calomnier, chercher à lui nuire par paroles.

DÉTRACTION, s. f., accusation, reproche, calomnie, dénigrement. *Combien que la vérité soit sujete à beaucoup de détractions iniques :* à beaucoup d'accusations injustes. I, 156. A. (Lat. *detrectare.*)

DEU (Le), s. m., le devoir, ce à quoi on est obligé, ce qui est dû.

DEUEMENT, dûment, selon la règle, selon la justice.

DEVANT, précédemment, avant. *Autrement que devant*, autrement que ci-dessus. I, 154. A. *Ce que devant derrière*, sens devant derrière.

DEVANTIER, tablier de femme du peuple (lat. *semicinctium*). (Act., XIX, 12.)

DEVERS, du côté de. I, 323. A. (Lat. *versus.*)

DÉVESTIR, dépouiller de ses vêtements, déshabiller (lat. *devestire*).

DEVIS, discours, entretiens.

DEVISER, discourir, parler.

DÉVOTIEUX, adj., dévot, pieux.

DEXTRE, droit. *La dextre*, main droite. *L'œil dextre*, l'œil droit. (Lat. *dextra.*)

DICTION, s. f., mot. Ce mot Hosanna est composé de deux *dictions* hébraïques (lat. *dictio*).

DIES, pour *dises*, 2e p. du prés. de *dire*.

DIFFAME, s. m., blâme, discrédit, défaveur. *Jeter un diffame à une doctrine*, la discréditer, jeter du blâme, du discrédit sur elle, la diffamer, la calomnier. I, 156. A. — Honte, déshonneur. *Redonde à plus grand diffame de toute la nation*, fait rejaillir sur la nation entière une honte d'autant plus grande. II, 551. B. *Charger de diffame*, couvrir de honte. *Tirer en diffame*, décrier, diffamer, déshonorer, rendre méprisable. I, 305. B.

DIFFÉRENT, contestation. *Sans différent*, incontestable.

DIFFINI, déterminé, fixé, réglé, conclu (lat. *diffinitus*).

DIGÉRER, dissiper, dissoudre, résoudre. *L'yssope a la vertu singulière de digérer les superfluitez vicieuses.* IV, 464. A. (Lat. *digerere.*)

DILAYER ou **DÉLAYER**, retarder, différer.

DILIGENCE, s. f., soins empressés, fidélité. Ex. : *Dieu approuve leurs affections et diligences.* I, 190. B. *En quelle diligence ce poinct est-il gardé entr'eux? Quel soin mettent-ils à garder ce point parmi eux?* IV, 216. A. (Lat. *diligentia.*)

DILIGENCE (EN), promptement, en hâte, avec empressement.

DILIGENTER (SE), s'empresser, se hâter.

DIRE (Etre à), signifier. *Qui est à dire,* qui est appelé, surnommé. Jean, XI, 16. *Dire parole,* parler.

DISCORD, subst. Un discord, pl. *des discors.* Dissension, dissentiment, désaccord.

DISCORDER, être en désaccord. *Discorder à soy,* être en désaccord avec soi-même. I, 307. A.

DISCRET, avisé, prudent, judicieux (lat. *discretus*).

DISCRÉTION, s. f., discernement. Ex. : *Toute discrétion de bien et de mal.* I, 195. B. (lat. *discretio*).

DISMER, payer la dime.

DISSIMULER, feindre de ne pas remarquer. *L'ange dissimule et laisse passer, comme s'il n'y avoit que redire en icelle.* I, 14. A.

DISSIPATION, désordre, confusion, égarement, destruction. *L'Eglise est tombée en une dissipation estrange,* en un désordre étrange. I, 638. A. *Une dissipation de la loy,* destruction de la loi. I, 158. A. *En dissipation,* dans le désordre, dans l'égarement. I, 247. B.

DISSIPÉ, dispersé de côté et d'autre, égaré, qui n'est plus dans l'ordre. *Choses dissipées,* erreurs, désordres, abus. I, 456. A.

DIT, s. m., maxime, sentence. *Des dits,* discours, paroles, maximes (lat. *dictum*).

DIVERS, différent. Ex. : *Divers de la loy,* distinct, différent de, etc.

DIVERTIR, détourner, éloigner, écarter (lat. *divertere*).

DOINT, subj. prés. du v. *donner,* qu'il donne, qu'il accorde. Ex. : *Le Seigneur lui doint trouver miséricorde* (2 Tim., I, 16, 18.)

DOL, s. m., ruse, fraude (lat. *dolus*).

DOMESTIQUES, gens de la maison, de la famille, du pays, par opposition aux étrangers. — *Escholier domestique,* disciple intime. (Lat. *domus.*)

DOMMAGEABLE, funeste, pernicieux, nuisible.

DONCQUES, donc.

DONT, d'où, de quelle manière, comment. Ex. : *Dont est-il son fils?* comment est-il son fils? (Marc, XII, 37.) *Voilà dont est venu,* d'où est venu.

DONTER, dompter.

DORMIR, s. m., sommeil. *Esveillé de son dormir.*

D'ORSENAVANT, dorénavant, désormais.

DOUTER (SE) de quelqu'un, s'en défier. I, 125. A.

DRESSER, diriger. *Dresser les yeux,* diriger les yeux. *Dresser sa vie,* la régler. Élever, préparer, établir. *Dresser le royaume de Dieu,* le fonder, etc. I, 310. A. *Dresser l'estat,* établir. IV, 349. B.

DROICT. *A bon droict,* avec justice, raisonnablement.

DROIT (A), droitement, convenablement, bien. *Prendre a droit,* saisir d'une manière juste et vraie. *Il y en a aucuns qui n'ont point pris ceste voix si mal à droit,* c'est-à-dire qui n'ont point compris cette parole d'une manière si fausse. II, 265. B. *Se servir a droit,* etc., se servir convenablement, etc.

DROITURE, honnêteté. *Garder une droiture entre les hommes,* garder l'honnêteté parmi les hommes. I, 108. B.

DUICT. *Bien duict,* bien dressé, habile. II, 825. B.

DUIRE, dresser, former.

DUISANT, E, adj., convenable, utile, qui est formé, dressé pour. *Duisant au Seigneur,* utile au Seigneur. (2 Tim., II, 21.)

DURER, endurer, supporter, souffrir avec patience (lat. *durare*).

E

EFFET (Par), en effet, en réalité.

ELECTION, choix. *Avoir une élection libre du bien et du mal*, pouvoir librement choisir entre le, etc. I, 189. A.

ÉLIRE, choisir. *Eli la vie.* IV, 635. A. (Lat. *eligere.*)

EMBABOUYNER, séduire, engager par des flatteries, tromper, enjôler, jouer quelqu'un, s'en moquer. *Embabouynez de leur transsubstantiation.* I, 652. A.

EMBAS, adv., en bas.

EMBESONGNER (S'), s'occuper, I. 349. B.

EMMURER, enfermer entre des murailles, emprisonner.

EMPESCHER, embarrasser, arrêter. *S'empescher*, s'embarrasser. Ex.: *S'empescher aux affaires de la vie.* I, 227. A.

EMPESTRE, s. f. embarras, empêchement, entraves.

EMPESTRER (S'), s'embarrasser.

EMPOINGNER ou EMPONGNER, saisir. Ex.: *Lequel ayant une brebis cheute en une fosse ne l'empoingne?* — Saisir avec force, s'emparer de. *Ils l'empoingnent contre nous*, ils s'en emparent contre nous.

EMPORTER, entraîner de force, ou par une suite nécessaire. Ex.: *Autant emporte ce qui est dit*, ces paroles ont la même valeur, la même portée. I, 734. A.—Impliquer. *Emporte puissance.* IV, 187. A. *Ceste diversité n'emporte rien*, cette différence n'a aucune importance, est sans conséquence. I, 64. A.

EMPRESSER, serrer, presser : Marc, III, 9.

EMPUANTER, infecter.

EN APRÈS, ensuite.

ENAIGRIR (S'), s'aigrir, s'irriter.

ENCHANTERIES, enchantements.

ENCHARGER, imposer, charger. I, 104. B.

ENCHARNÉ, acharné.

ENCLINER, incliner.

ENCLORRE, enfermer, renfermer, environner (lat. *in claudere*)

ENCLOS (mettre), renfermer. *Estre enclos*, être renfermé.

ENCOMBRIER, perte, dommage, préjudice, détriment. *Les pigeons quoique peureux et sujets à beaucoup d'encombriers; de dangers, d'accidents.* I, 257. A.

ENCOMMENCÉ, commencé.

ENCONTRE (A l'), contre, envers. *Le train de la grâce de Dieu à l'encontre des siens;* la manière dont la grâce de Dieu s'exerce envers les siens.

ENDORMISSEMENT, s. m., assoupissement.

ENDORMISSON, s. m., assoupissement, sommeil.

ENDROICT ou ENDROICT (En son), pour ce qui le concerne, pour sa part. (Eph., V, 33.) *Nous donner pour patron en vostre endroict*, à votre égard, envers vous. (2 Thess., III, 9.)

ENFIÉRIR (s'), devenir fier.

ENFLAMBER, enflammer.

ENFONDRER, briser, rompre, abîmer, submerger, engloutir. IV, 466. B. — Enfoncer. *Ne permettant pas qu'il enfondre du tout en l'eau*, qu'il enfonçât entièrement. I, 408. B.

ENGARDER, empêcher, arrêter. Ex.: La crainte du peuple l'*engardoit;* I, 397, A. Ecarter, éloigner. (Luc., XI, 52.)

ENGIN, s. m., machine de guerre, ruse, industrie, machinations.

ENGOULER, avaler, engloutir, saisir avec la gueule.

ENGRAVER, graver.

ENHORTER, exhorter (lat. *inhortari*).

ENJOINDRE, ajouter, donner de plus, joindre, adjoindre. I, 260. B.

ENOMBRER, couvrir de son ombre.

ENQUESTER (S'), s'enquérir.

ENROULLER ou ENROULER, enrôler, inscrire sur un rôle, enregistrer.

ENSEIGNES, indices, insignes, marques, preuves. *A fausses enseignes*, sans raisons suffisantes, sans droit. faussement. I, 453. A. *Les hommes font plus souvent mine d'avoir la crainte de Dieu* *qu'ils n'en donnent de vrayes ensei-*gnes, de bonnes preuves. I, 461. B. *Et vous aurez ces enseignes, et vous aurez* ces moyens de la reconnaître. (Luc, 11, 12.) *Il les marque des enseignes de son Christ.* IV, 610. B.

ENSEMBLE, adv., avec, en même temps, en même temps que. *Ensemble, Christ.* I, 50. A. *Dieu ensemble témoignant.* (Héb., 11, 4.) *Loue sa piété ensemble la saincteté et la chasteté,* etc. I, 86. A. (Lat. *simul.*)

ENSEMBLÉEMENT, adv., ensemble. , 250. A.

ENSERRER, enfermer, insérer, serrer, presser de tous côtés. *Enserré en des angoisses,* pressé par des angoisses. IV, 412. B.

ENSUYVRE, suivre, venir après, résulter, imiter, marcher sur les traces de quelqu'un.

ENTEMENT, s. m., action de enter.

ENTENDRE, considérer attentivement, prendre garde. *Enten à toy et à la doctrine,* prends garde à toi, etc. (1 Tim., IV, 6). (Lat. *intendere.*)

. ENTENDU, intelligent, éclairé. *Les entendus,* les hommes éclairés.

ENTENTIF, disposé, appliqué, attentif à (lat. *intentus*).

ENTIER, complet, à qui ne manque aucune de ses parties, intègre, droit. *Remettre en son entier;* ou, réintégrer, rétablir, réformer. I, 172. A.—*Retourner en son entier,* être rétabli, remis en bon état. — Vrai, sincère. Ex.: *Ce qui est digne d'un entier ministre.* II, 153. B. *Dont la fortune n'a reçu aucune atteinte,* dont les affaires sont en bon état, qui est prospère, florissant. *Estre en son entier,* être dans un état prospère. I, 371. B. (Lat. *integer.*)

ENTOUR, prép., à l'entour de. Ex.: *Entour questions.* IV, 329. A.

ENTREMIS, discontinué, interrompu. (Lat. *intermissus.*)

ENTREPRINDRENT (Ils), ils entreprirent.

ENTREROMPRE, interrompre.

ENTRESEIGNES, s. m., marques, insignes. III, 130. A. (Lat. *symbolus.*)

ENTRETENEMENT, s. m., entretien, subsistance.

ENTRETENIR (S' — dans), se tenir, se maintenir dans, demeurer dans un certain état. *Tandis qu'ils s'entretienent dedans leurs bornes,* tandis qu'ils demeurent dans les limites du devoir. I, 123. A. *Comme si elles s'entretenoyent toutes d'un fil,* comme si elles se tenaient toutes les unes aux autres par un fil, se liaient ensemble. I, 197. A. *S'entretenir avec,* s'accorder avec.

ENTREVENANT, adv., qui intervient, qui vient en aide.

ENTREVENIR, intervenir, entrer dans une affaire, interposer son autorité.

ENTR'OUIR, entendre à moitié, confusément.

ENVELOPPEMENT, s. m., action d'envelopper.

ENVIRON(A l'). La contrée *d'à l'environ,* d'alentour.

ÉQUALITÉ, égalité. *N'y a rien plus inégal en cest endroit que de vouloir garder tousjours une mesme équalité; rien de plus différent en cette matière que de vouloir observer une règle uniforme (sans tenir compte des circonstances).* I, 105. A. (Lat. *æqualitas.*)

ÉQUIPOLENT, ou ÉQUIPOLLENT, équivalent (lat. *æquus pollens*).

ERRISSIEZ, 2e pers. de l'imparf. du subj., du v. *errer;* que vous erriez.

ÉS, dans les. *Ès quelles,* etc., dans lesquelles.

ESBAHIR (S'), s'étonner.

ESBATRE (S'). *S'esbatre après le sang humain;* prendre plaisir à verser le sang humain.

ESCARTÉ, égaré. *Ils estoyent escartez et espars comme brebis sans pasteur;* égarés et dispersés comme des brebis sans berger. Matth, IX, 36.

ESCHAFAUT, tréteau, théâtre. *Représenter des personnages sur l'eschafaut.* I, 174. B.

ESCHARSEMENT, ou ESCHARCEMENT, adv., chichement, pauvrement, avec parcimonie, avec avarice. II, 298, B.

ESCHAUFFAUT, s. m., échafaudage.

ESCIENT, s. m. Connaissance de ce que l'on fait. *A bon escient,* le sachant bien, avec connaissance de cause, tout de bon, sans feinte. *A leur escient,* volontairement. (Lat. *sciens*).

ESCLARCIR, éclaircir.

ESCLARCISSEMENT, éclaircissement.

ESCOSSE, cosse, gousse.

ESCOULER, laisser, échapper, fléchir. *Afin que nous ne venions à escouler* (Hébr. II, 1.).

ESCOURRE, vanner, secouer sur le van. I, 112. A. Agiter violemment, disperser, jeter au vent. *Il promettoit que la Syrie seroit escousse.* II, 862, B.

ESCOUSSE, fém. du part. passé de *escourre.* II, 862, B.

ESCRIEMENT, s. m. exclamation.

ESCULLÉE, s. f., écuellée.

ESGARD. Considération, attention. *Sans bon esgard*, sans y bien regarder, sans une grande attention. I, 572. B. *Il n'y a pas esgard*, il n'y a pas d'importance, il est indifférent. III, 507. A.

ESGARÉ, écarté. *Il y aura chemin pour passer son peuple par les bois espez et esgarez*, pour conduire son peuple à travers les bois épais et écartés, ou éloignés des lieux habités. I, 103. A.

ESGARÉE (A l'). A l'aventure, au hasard. *Il vauaroit mieux clocher en la voie que de faire grand chemin à l'esgarée et sans certaine adresse.* Il vaudrait mieux broncher dans sa route que de marcher longtemps à l'aventure et sans direction certaine. I, 625. A. Selon les circonstances, selon l'occasion. I, 394. B.

ESJOUIR (S') se réjouir.

ESJOUISSEMENT, s. m., joie, mouvement ou tressaillement de joie, action de se réjouir. I, 289. A.

ESLARGIR à quelqu'un d'une chose, faire des largesses à quelqu'un, se montrer généreux, donner avec libéralité, distribuer. Ex. : *Ceux-là mangent leur pain pur, lesquels en eslargissent aux povres.* I, 360. B. (Lat. *largiri.*)

ESLONGNER, éloigner.

ESMOTION en la mer, tourmente sur la mer. (Matt. VIII, 24.)

ESMOUVOIR, ébranler, remuer, soulever. *Esmouvoir des disputes*, les provoquer.

ESPANDRE, répandre.

ESPARDRE, disperser, répandre. *Il a espars*, il a dispersé, dissipé. *Les orgueilleux sont espars en la pensée de leur cœur.* Les orgueilleux sont contra-riés dans leurs desseins; les projets des orgueilleux s'en vont en fumée. I, 34, A. 45, 47. B. *Il s'espard*, il se disperse, il se dissipe.

ESPARS, dispersé, répandu (lat. *sparsus*).

ESPÉS, adj., épais. IV, 509. A.

ESPESSEUR, s. f., épaisseur.

ESPEZ, épais.

ESPIC, s. f., épi (lat. *spica*).

ESPIE, s. m., espion.

ESPLUCHER, entrer dans les détails, examiner en détail. *S'esplucher*, s'examiner avec soin.

ESPOUSÉE, s. f., épouse.

ESPOVANTABLE, terrible; épouvantable.

ESPOVANTEMENT, épouvante, frayeur, terreur.

ESPREUVE, preuve.

ESTAFFIER, valet, laquais.

ESTAT, s. m. Office. *Compaignon en l'estat*, par l'office, la charge, la dignité, collègue. III, 678. A. Société organisée, gouvernement. *Gens de l'estat*, employés, fonctionnaires publics. *Dresser l'estat*, établir, mettre en état. IV, 349. B.

FAIRE ESTAT, professer, faire profession, faire métier, avoir l'habitude. Ex.: *Combien que Christ sceust que les Scribes faisoyent estat de tirer en mauvaise part toutes ses œuvres.* I, 306. A. I, 304. A.

ESTENDUE, s. f. Extension, propagation. *Miroir de la longue estendue de la foy*, exemple de la grande extension ou de la propagation de la foy par tout le monde. I, 217. A.

ESTEULE, s. f. Paille, chaume.

ESTOFFE, matière dont une chose est faite, matériaux d'une construction. Ex.: *L'estoffe merveilleuse du bastiment.* I, 596. B.

ESTONNÉ (Etre), être frappé de stupeur, d'épouvante. II, 44. A.

ESTONNEMENT, frayeur, terreur, II, 534. A.

ESTOUPPER, boucher, calfeutrer. Ex.: *Aureilles estouppées.* I, 278. B.

ESTRANGE, qui n'est pas dans l'ordre ou selon l'usage commun. Eloigné, lointain, du dehors, étranger. Pays, personnes estranges; *Estre estrange de*, être étranger à. *Ceux qui avoyent esté estranges de l'Eglise.* IV, 474. B. *Se trouver estrange,* être surpris, s'étonner. (1 Pierre, IV, 4.)

ESTRANGEMENT, s. m. Éloignement, séparation, inimitié, opposition. *Il y a estrangement entre Dieu et nous.* II, 649. A.

ESTRANGER, éloigner. *S'estranger de,* se séparer, s'éloigner de. Ex.: *S'estranger de Dieu.* I, 227. B. *Ne s'estrangeoyent point de la compagnie de tels gens.—Les gens estoyent estrangées de la famille de Jacob;* les nations payennes étaient séparées de, etc. — *Nous sommes du tout estrangez de la vie;* nous sommes entièrement privés de la vie. I, 58, A.

ESTRE. *Il n'est que,* il ne peut pas être autrement que. *Il ne fut jamais que les hommes ne s'eslevassent;* il n'y eut jamais de temps où les hommes ne se soient élevés. I, 263. A. *Estre de faire,* être à faire, être nécessaire; ou, de son devoir de faire. *Qu'est-il de faire?* que faut-il faire? *Or est-il que, or est-il néantmoins,* or il est certain que; toujours est-il que, il n'est pas moins vrai que. *En tant qu'en luy est,* autant qu'il est en lui, qu'il dépend de lui. *Que c'est de,* ce qu'il en est de. IV, 388. A.

ESTRIF, s., m. contestation, dispute, débat.

ESTRIVER, disputer, contester, quereller. *La chose formée ne doit point estriver contre celuy qui l'a formée.* III, 171. B.

ESVANOUISSANT, vain, futile, fugitif, qui s'en va en fumée. II, 295. A.

ESVENTÉ, léger, étourdi.

ET SI, et cependant. *Et pourtant,* et pour cela, et aussi, c'est pourquoi. (Jean, VI, 40.) II, 129. B.

EXCESSIF, qui excède la mesure. *Estre excessif en l'exaction des tributs,* user de trop de rigueur dans le prélèvement de l'impôt.

EXCLAVE, s. m., esclave.

EXCOGITER, penser, imaginer (lat. *excogitare*).

EXCUSATION, s. f., excuse, justification (lat. *excusatio*).

EXCUSÉ. *Estre excusé de,* être dispensé de. Ex.: *Il n'est point excusé de se marier sinon,* etc. Il n'est point dispensé de l'obligation de se marier si ce n'est, etc. I, 492. B.

EXEMPLAIRE, s. m., modèle, original, patron (lat. *exemplar*).

EXERCITE, s. f., armée (lat. *exercitus*).

EXERCITER, exercer (lat. *exercitare*).

EXHALATION, exhalaison, émanation (lat. *exalatio*).

EXPÉDIENT (Etre), être utile, avantageux, convenable, à propos, nécessaire (lat. *expedit*).

EXPOSER (S'), s'expliquer. II, 744. A.

EXPOSITION, explication. *Par manière d'exposition,* comme explication.

EXPRIMER (S'). *Il s'exprime luy-mesme juge,* ou il se montre en juge, il parle de lui comme juge. I, 204. A.

EXTRAVAGUER, sortir des bornes. *Ce passage condamne le soin qui extravague par des circuits obliques,* le soin qui se porte sans retenue d'un côté et de l'autre. I, 194. A.

F

FACE, pour fasse, subj. du v. *faire.*

FACE, s. f., forme, apparence. Ex.: *Ne face d'Eglise,* ni forme d'Eglise. *De prime face,* au premier abord, à première vue. (Lat. *facies.*)

FACILE, facile à distribuer, prompt à donner, généreux. (1 Tim., VI, 18.)

FACOND, éloquent (lat. *facundus*).

FADESSE, s. f. fadaise, ineptie, niaiserie.

FAICT (De), en réalité, effectivement.

FAILLIR, manquer, avoir faute de.

FAIS, s. m. faix, charge, fardeau.

FALE, subj. de *faloir.*

FALLACE, s. f. tromperie, fraude. Ex.: *la fallace des richesses* (Matth. XIII, 22). (Lat. *fallacia.*)

FAMILIER, qui est de la famille, de la maison. Ex.: *David a esté trahi par un·*

familier ennemi, par un ennemi faisant partie de sa maison. II, 282. B.

FANTASTIQUE, extravagant, rêveur, celui qui a des idées chimériques.

FARDEMENT, s. m., action de farder, de présenter une chose sous de fausses couleurs, de manière à en dissimuler les défauts.

FARS, pluriel de fard, déguisements, feintes.

FASCHER (SE), avoir du chagrin, du déplaisir. *Il me fasche*, je suis peiné de.

FASCHERIE, s. f., déplaisir, chagrin, douleur, regret.

FASCHEUX, *gens fascheux*, malaisés à contenter, bizarres, peu traitables, qui causent de l'ennui, du chagrin.

FAUDRAI, futur de *faillir*, manquer.

FAUT, 3e pers. du prés. de l'indic. de *faillir*, manquer, se tromper, tomber en faute. Ex. : *On faut coustumièrement*, on se trompe d'ordinaire.

FÉABLE, adj., fidèle.

FÉAL, fidèle.

FEINTISE, s. f., feinte, déguisement.

FEISSENT, FEIRENT, pour fissent, firent, du verbe *faire*.

FEIST, pour fît, subj. de *faire*.

FENÉ, fané.

FERMETÉ, s. f., force, appui, soutien, (lat. *firmitas*).

FEST, s. m., faîte, sommet.

FESTIER, fêter.

FESTU, s. m., fétu, brin de paille.

FEURRE, s. m., paille de toute sorte de blé. *Faire barbe de feurre* (famil.), tromper, se jouer de. IV, 737. B.

FIANCE, s. f., confiance. *Redresser en certaine fiance les cœurs fidèles*; raffermir la confiance des cœurs fidèles. I, 128. B.

FICHÉ, fixé. *Les yeux fichez en*, etc. fixés sur.

FIENT, s. f., fumier.

FIN, *faire fin*, finir. Pour faire fin; pour en finir. — *Les fins de la terre*, les extrémités, les bouts de la terre.

FINET, adj., rusé, habile à déguiser sa pensée.

FINS, s. f., finesses, subtilités. *Faire des fins*, subtiliser. *Faire des fins sur le mot de loyer*, jouer sur le mot de loyer. I, 151. A. *Il ne faut pas que les Papistes facent des fins en prenant couverture sur ce passage, pour nous rendre odieux*, subtilisent, en se couvrant de ce passage, pour, etc. III, 265. A.

FLAISTRI, flétri.

FLAMBE, s. f., flamme.

FLEGMON, s. m., tumeur enflammée.

FOL, insensé. *Ce qui est fol de Dieu*, ce qui passe pour insensé de la part de Dieu. I, 65. B.

FOLASTREMENT, s. m., action de déraisonner, folie.

FORCE (A). *Passage tiré à force*, à divers sens; passage auquel on donne divers sens forcés, peu naturels, faux.

FORCÉNERIE, s. f., fureur insensée, passion violente et aveugle.

FORCLORRE, exclure. Ex.: *Pour forclorre de son Royaume ceux qui usurpent place*. I, 203. A.

FORCLOS, part. de *forclorre*, exclus, privé. *Se voyant forclos du Temple des sacrifices*, etc., se voyant exclu du temple, privé des sacrifices, etc. I, 89. A.

FORGEUR, s. m., forgeron.

FORLIGNER, s'écarter de la route tracée, s'écarter de son devoir, ne pas suivre l'exemple donné; dégénérer. *Ils ne forlignent pas de leurs pères*, ils suivent l'exemple donné par leurs pères. I, 586. A.

FORS, prép., hormis, excepté (lat. *foras*).

FORTUNE, hasard. *Un mouvement de fortune*, un jeu de hasard.

FOURNISSEMENT, s. m., approvisionnement.

FOURRER (SE), se jeter en foule. *Tous ceux qui estoyent affligez se fourroyoyent contre luy*, se pressaient (Marc, III, 10).

FOUYR ou FOUIR, creuser.

FRANC, libre.

FRÉQUENTER, aller souvent, visiter souvent. *Jésus fréquentoit en Galilée*, s'y rendait souvent. I, 358. A.

FRUITION, jouissance. *Christ ne reçoit pas à la fruition de son repos*, etc. I, 293, A. (Lat. *frui*.)

FRUSTRATOIRE, trompeur, vain.

G

GABBER (SE) de quelqu'un, s'en moquer. *Il se peut faire qu'ils se sont voulu gabber de Christ.* II, 161. B.

GABELLE, s. f., impôt sur le sel, impôt, tribut.

GARDE. *Se donner de garde de*, éviter, se précautionner.

GARDER que, prendre garde que, etc.

GARNISON (A la), sous la garde, sous la protection. *Qu'ils se retirent à la garnison de leur capitaine.* II, 188. A.

GAUDIR (SE), se réjouir, tourner en plaisanterie, railler, se moquer (lat. *gaudere*).

GAUDISSERIE, s. f. Moquerie, raillerie, plaisanterie (lat. *gaudium*).

GAUDISSEUR, moqueur.

GEHENNÉ (Estre), être tourmenté, torturé. *Les réprouvez sont géhennez du sentiment du jugement à venir.* I, 378. A.

GEMEAU, s. m. Jumeau.

GEMELLE, s. et adj. Jumelle.

GENDARME, s. m. Homme d'arme, soldat.

GENDARMERIE, s. f. Milice, armée. *La gendarmerie céleste;* les armées des cieux.

GENT, s. f. Nation, tribu, famille; plur. *Gens,* nations (lat. *gens*).

GÉSINE, s. f. Enfantement. I, 79. B.

GÉSIR ou GIR, être couché, être étendu par terre.

GLORIFIEMENT, s. m. Action de se glorifier.

GLOUTONNIE, gloutonnerie.

GOURMANDER, manger avec avidité, avec gloutonnerie, dévorer. Ex.: *Peut-on trouver deux choses moins accordantes, que le pain soit distribué entre tous et qu'un seul le gourmande?* I, 650. B. Engloutir, consumer, ruiner. *Gourmander son bien.* (Luc, XV, 30.)

GOUST, s. m. Saveur, avant-goût.

GRACE. *Estre en la grâce de;* être dans la faveur de, jouir de l'estime, de l'amitié de quelqu'un. Ex.: *Les fidèles ministres seront en la grâce des bons.* I, 152. B. *De bonne grâce,* avec habileté, avec justesse, avec à-propos, avec élégance. *Le Seigneur poursuit sa métaphore de fort bonne grâce, en disant, etc.;* avec beaucoup de justesse et de convenance. I, 153. A.

GRACIEUSETÉ, s. f. Honnêteté, civilité.

GRAPETER, grapiller, recueillir les restes.

GRATIFIER, accorder des faveurs, distribuer des grâces, faire plaisir, se rendre agréable par des largesses. *Félix eut tenu un moyen tout contraire pour gratifier,* un moyen tout contraire de distribuer ses faveurs I, 908. B. (Lat. *gratificari.*)

GRAVITÉ, autorité, dignité. *Tenir gravité,* avoir du poids, de l'autorité, l'exercer. *Jà soit que nous eussions peu tenir gravité comme apostres,* bien que nous eussions pu montrer de l'autorité comme apôtres. (1 Thess., II, 7.) (Lat. *gravitas.*)

GRÉ (A). *Venir à gré,* convenir, plaire, être agréable à quelqu'un. *Il renvoyoit sa femme pource qu'elle ne luy venoit pas à gré;* parce qu'elle ne lui convenait plus. I, 164. B.

GRÉSILLER, faire qu'une chose se fronce, se racornisse.

GREVER, charger, accabler. *Estre grevé,* être accablé, appesanti. Ex.: *Prenez garde que vos cœurs ne soyent grevez de gourmandise.* (Luc, XXI, 34.)

GRIEF, FVE, adj. Grave, lourd, difficile. *Péché grief,* grave péché. *Combat grief,* grand ou rude combat. *Estre grief,* être pénible, être difficile à supporter, souffrir avec chagrin, supporter impatiemment.

GRINGOTER, fredonner.

GROS, s. m. Monnaie de dix centimes, équivalente à quatre quadrains. I, 162. B.

GUARIR, guérir.

GUERDON , s. m. Loyer, salaire, récompense.

GUÈRES (De), bien peu, presque pas. IV, 229. B.

GUETTE, s. f. Loge d'une sentinelle, guérite.

GUILÉE, s. f. Giboulée.

H

HA, 3ᵉ p. du prés. du v. *avoir*. *Il ha*, pour *il a* (lat. *habere*).

HABILITER , rendre habile, capable (Héb., V, 14. Note.).

HABITACLE , s. m., demeure, habitation (lat. *habitaculum*).

HAINEUX. *Ses haineux*, ses ennemis.

HALECRET, s. m., corselet de fer, armure.

HÁLÉNER, respirer.

HANAP, s. m., grand vase à boire. (Marc, VII, 4.)

HASTIVEMENT, adv., en hâte, promptement.

HASTIVETÉ, s. f., promptitude, hâte, empressement.

HAUTESSE, s. f., élévation , orgueil, arrogance, fierté. I, 280. A.

HEAUME, s. m., casque.

HÉBÉTER , émousser, affaiblir, obscurcir la vue, allourdir (lat. *hebetare*).

HEUR, s. m., bonne fortune, bonheur. II , 776. A.

HEURE. *Il est grande heure*, l'heure est avancée. (Marc, VI, 35.)

D'HEURE , adv., en temps opportun, à temps. I, 644. B.

HEURT ou HEURTE, s. m., choc, accident. *Afin que nous ne défaillions pour quelque heurt qui viene.* I, 209, B.

HORS-MIS, prép. , hormis, excepté. *Hors mis la cause de paillardise*, si ce n'est pour cause de paillardise. (Marc, V, 32.)

HOSTIE, s f., victime (lat. *hostia*).

HUIS, s. m., porte,

HUMEUR , s. f. , humidité , vapeur, eau (lat. *humor*).

I

ICELUY, ICELLE, ICEUX, celui, celle, ceux dont on a parlé, dont il est question (lat. *hic*).

IDIOT, ignorant, grossier, inhabile, maladroit.

IDOINE, adj., propre, convenable, véritable. *Nul ne sera idoine disciple de Christ s'il n'est réformé par son Esprit.* II, 177. A. (Lat. *idonæus*.)

ILLATION, s. f., conséquence, suite.

IMAGINATIF, VE, imaginaire.

IMAGINER. *Imaginent a leur plaisir de la puissance de Dieu sans sa parole.* Ils se font de la puissance de Dieu une idée imaginaire, qui n'est point conforme aux enseignements de sa parole. I, 27. A.

IMBÉCILLITÉ, s. f., faiblesse, infirmité (lat. *imbecillitas*).

IMMONDICITÉ, s. f., impureté, souillure (lat. *immundus*).

IMPERTINENT, adj. Qui né se rapporte pas, n'appartient pas, ne convient pas. *Je ne trouve pas impertinent le sens donné par S. Augustin.* je ne le trouve pas déplacé, faux. IV, 486. B. (Lat. *pertinere.*)

IMPÉTRER, obtenir (lat. *impetrare*).

IMPOLLU, adj., qui n'est pas souillé (lat. *impollutus*).

IMPORTABLE, adj., insupportable.

IMPUGNER , attaquer (lat. *impugnare*).

INCONVÉNIENT, adject., qui ne s'accorde pas, qui ne convient pas. *Il n'est pas inconvénient que*, il n'est pas invraisemblable, il n'est pas absurde, déraisonnable de supposer que, etc. I. 64. B. II, 448. B, etc. *Il n'est point inconvénient que, pour le regard de ce ministère*, etc. Il n'y a point de mal à ce que, par rapport à ce ministère, etc. III, 337, B. (Lat. *inconveniens*.)

INDISCRET, qui n'a pas de discerne- ment, de jugement, de lumière, ignorant. *L'autheur de salut est rejetté non par le peuple indiscret, mais par les plus grans mesmes. I, 518. B. (Lat. indiscretus).*

INDUIRE, persuader. *Il disputoit en la synagogue et induisoit tant les Juifs que les Grecs. (Act. XVIII, 4.)*

INEPTEMENT, adv. sottement, follement.

INÉQUALITÉ, s. f., inégalité (lat. inæqualitas).

INFAMETÉ, s. f., infamie.

INFECT, adj., sale, honteux, déshonnête, corrompu. *Que nul propos infect ne sorte de vostre bouche (Eph., IV, 29). (Lat. infectus.)*

INGERER (S'). *Il s'ingéroit par une légèreté ; il s'introduisait (dans la société de Christ) d'une manière inconsidérée I, 220. B. (Lat. ingerere.)*

INHIBITION, s. f., défense, interdiction, prohibition II, 37. B. (Lat. inhibitio.)

INNUMÉRABLE, innombrable (lat. innumerabilis).

INQUISITION, s. f., enquête, recherche IV, 552. B. (Lat. inquisitio.)

INSTABLE, adj., qui n'est ferme, solide, sûr, certain (lat. instabilis).

INSTAURATEUR, s. m., celui qui rétablit, renouvelle, remet en bon état (lat. instaurare).

INSTAURATION, s. f., rétablissement, renouvellement (lat. instauratio). I, 717. A.

INSTITUER, établir, régler, ordonner (lat. instituere).

INTELLECTIF, VE, adj., intellectuel.

INTERMISSION, s. f., interruption, discontinuation (lat. intermissio).

INTERPRÉTEUR, s. m., interprète.

INTERROGANT, s. m., interrogation.

INTERROGUER, interroger.

IRE, s., f., colère, violence. *Ire signifie une impétuosité plus soudaine que cholère. III, 812. B. (Lat. ira.)*

ISSIR, sortir, tirer son origine, venir de, se répandre. *Ce mot issit signifie que cest erreur s'espandit d'un costé et d'autre. II, 416. A.*

ITEM, adv., de plus.

J

JA, particule affirmat., servant à renforcer une négation. *Il ne faut jà craindre, il ne faut nullement craindre. IV, 360. B. Il n'est jà besoin, il n'est point du tout besoin. Jà n'adviene ! bien loin de nous une telle pensée ! (Gal. III, 21.)* — *Jà, adv., déjà. (Lat. jam.)*

JA SOIT, conj., lors même que, encore que, bien que. I, 667. A. *Jà soit qu'il fust Fils... toutesfois il a appris l'obéissance, bien qu'il fût Fils, etc. (Héb. V, 8.)*

JECT (Faire) se débarrasser d'un fardeau, jeter une charge. *A cause de la tempeste, ils feirent ject. (Act. XXVII, 18.)*

JOINGNANT, avoisinant, qui est proche, contigu. Prép. près, à côté de. *La semence cheut joingnant le chemin. (Marc, IV, 4.)*

JOINT QUE, à cela s'ajoute que, ajoutez à cela que.

JOUG (Faire), porter le joug, se soumettre.

JOYEUSETÉ, s. f., gaieté.

JUGEMENT, sentir jugement. Être jugé, être puni. *Celuy qui se sera monstré fascheux sentira jugement sans miséricorde. I, 162. B.*

JUREMENT, s. m., serment.

JUS, adv., en bas. IV, 727, B.

JUSNE, s. m., jeûne (lat. jejunium).

L

LABEUR, s. m., travail (lat. *labor*).

LABILE, adj., qui s'écoule, qui s'échappe, qui passe, qui s'évanouit (lat. *labilis*). IV, 620. A.

LADRE, LADRESSE, lépreux.

LAIRRA, pour *laissera*, fut. de *laisser*, cesser, négliger. *Il ne lairra point d'estre*, ne cessera point d'être. II, 70. A. *Dieu ne lairra point à faire son office.* IV, 584 A.

LAISSER, renoncer, cesser, négliger. *Il laissa de parler à eux*, il cessa de leur parler. *Laisser de faire*, négliger de faire. *Laisser arrière*, négliger, abandonner.

LAQ, s. m., piége, filet (lat. *laqueus*).

LAS! interj., hélas!

LASSETÉ, s. f., lassitude, fatigue.

LECTURE, s. f. leçon, manière dont un texte est écrit (lat. *lectio*).

LÉGER (De), adv., légèrement.

LETRES (bonnes), belles-lettres, littérature.

LEUSTES-VOUS, lûtes-vous, passé de *lire*.

LIBÉRAL ARBITRE, libre arbitre.

LIESSE, s. f., joie, gaieté.

LIEU, s. m., place, rang. *Le premier lieu*, le premier rang. *En lieu de*, au lieu de. *En son lieu*, à sa place. *Tenir lieu*, tenir un rang. I, 337. A. *Avoir un lieu*, tenir une place. IV, 644. A. *Ceste récompense n'a point de lieu sinon après que nous sommes receus en grâce.* Cette récompense ne peut trouver place, avoir lieu, exister qu'après, etc. IV, 423. B. *Ne doivent avoir aucun lieu*, doivent être rejetés. I, 32. B. *Avoir lieu*, occuper une place. *Ceux qui amoindrissent la loi sont indignes d'avoir lieu en l'Eglise.* I, 457. A. *Si leur raison avoit lieu*, si leur raison était fondée. I, 48. A. *Donner lieu*, donner une place, mettre au rang de.

LIGNAGE, s. m., race, famille, extraction, descendance. I, 47, B.

LIGNÉE, s. f., famille. I, 304, B., descendants, race, tribu. *Lignée de Zabulon.* I, 76. B.

LIN, s. m., mèche de lin. *Il n'esteindra pas le lin fumant.* (Es. XLII, 3).

LIPPÉE, s. f., bouchée. *Lippées franches*, repas copieux. (*Lippe*, grosse lèvre.)

LOAGE, louage. *Qui ont une langue à loage*, qui sont prêts à défendre toutes causes bonnes ou mauvaises pour de l'argent. I, 343. B.

LOCHER, branler, être près de tomber.

LOER, prendre à louage, engager pour un salaire (lat. *locare*).

LOGETTE, s. f., petite loge, demeure. *Les oiseaux du ciel peuvent bastir leurs logettes sous son ombre.* (Marc, IV; 32.)

LONG (Faire le), tarder, différer, traîner en longueur. *Ce sera grand'honte à nous de perdre courage si quelquefois Dieu fait le long.* I, 422. A.

LORS, adv., alors.

LOS, s. m., louange, éloge. *Mettre en los*, mettre en honneur. IV, 496, A. (Lat. *laus*.)

LOURDERIE, s. f., lourdeur, pesanteur d'esprit, faiblesse d'intelligence. *C'est en la contemplation des choses célestes que se monstre nostre lourderie.* I, 741, A.

LOYER, s. m., salaire, gages, rétribution. *Rendre loyer*, donner un salaire, rétribuer.

LUICTE, LUITTE ou **LUITE**, s. f., lutte. *Nous n'avons pas la luicte contre la chair*, nous n'avons pas à lutter contre, etc. I, 657. A.

LUITEUR, s. m., lutteur.

LUITTER, lutter.

M

MACQUEREAU, s. m., homme débauché, paillard.

MACQUERELAGE, s. m., débauche, prostitution.

MACULE, s. f., tache, souillure. (lat. *macula*).

MACULÉ, taché, souillé.

MAILLE, s. f., tache sur l'œil. *Il appelle œil pur qui n'est couvert d'aucune maille.* I, 188. B. — Très petite monnaie, objet de peu de valeur. I, 162. B.

MAIN. *Avoir à main*, avoir sous la main, à sa portée.

MAINTENANT..... MAINTENANT; pour indiquer une alternation, tantôt.

MAIS, plus. *Voire mais si estant, etc.*, Et même bien plus, si, etc., et qui plus est, si, etc. IV, 543. A. *A tousjours mais*, à toujours plus, de plus en plus. (Lat. *magis*.)

MAIS QUE, adv., dès que, après que, puisque. *L'ange déclare mais qu'il soit une fois establi en la personne de Christ il ne sera plus sujet à changement* : dès qu'il sera établi en la personne de Christ, une fois qu'il sera établi, etc. I, 23. B. *Mais qu'il ait donné ordre aux affaires de sa maison* : après qu'il aura mis en ordre les affaires, etc. I, 224. B. *Car mais que j'aye adverti les lecteurs..., j'espère qu'ils m'excuseront* : car puisque j'ai, etc. I, 202. B.

MAL, MALE, mauvaise. *Male-tache*, mauvaise tache, souillure profonde. I, 79. A.

MAL ACCORDANT, qui s'accorde mal, contraire. *Il n'y a rien plus mal accordant à vertu, que fard d'hypocrisie* : rien qui soit plus contraire à la vertu que des dehors hypocrites. I, 312. B.

MALÉFICE, s. m., méfait, crime, méchante action (lat. *maleficium*).

MALE-GRACE, plur. *males-grâces*. IV, 250. A. s. f., disgrâce, déplaisir, défaveur, malveillance (lat. *mala gratia*).

MAL GRACIEUX, adj., malhonnête, grossier. I, 283. B.

MALHEURETÉ, pl. TEZ, malheur, infortune, état malheureux.

MALING, plur. MALINGS, gens malins, qui ont de la malignité, les méchants.

MALLETE, s. f., petit sac. *Ne faites provision de mallete pour le chemin, ne vous pourvoyez pas d'un sac de voyage.* (Matt., X, 10.)

MAL PLAISANT, adj., déplaisant, désagréable.

MAL PROPRE, adj., impropre, qui n'est pas convenable ou propre à une chose, qui ne va pas au but. II, 545. A.

MAL-VIVANS, gens de mauvaise vie. (Luc, VI, 34.)

MANDEMENT, s. m., ordre, commandement, charge, commission. *Authorisé de mandement authentique*, autorisé par lettres patentes, duement autorisé. I, 41. A.

MANIER. *Manier au vif*, secouer, agiter fortement, traiter.

MANIÈRE, manière d'agir, méthode, conduite. *La manière que Christ tient envers ses disciples n'est pas moins à priser*, etc. La manière dont Christ s'y prend avec ses disciples pour les instruire n'est pas moins digne d'attention. I, 234. B. Sorte, espèce. *En quelque certaine manière de gens*, en une certaine espèce de gens. I, 277. A.

MANTELINE, s. f., petit manteau de campagne. (2 Tim., IV, 13.)

MANUMISSION, s. f., affranchissement (lat. *manumissio*).

MARCHANDE. *Estre tiré en place marchande*, être mis en scène, en vue, en lumière; exposer au grand jour, exposer devant le public (lat. *producere in lucem*). I, 39. B.

MARCHE, s. f., frontière d'un État. *Dans toutes les marches d'icelle*, dans toutes les limites de son territoire. (Matt., II, 16.)

MARMITEUX, adj., malingre, pauvre, misérable, piteux.

MARMONER, gronder, murmurer.

MARRI (Estre), être peiné, attristé, avoir du chagrin.

MARRISSEMENT, s. f., chagrin, douleur. (2 Cor., VII, 11.)

MARRISSON, s. m., douleur, chagrin, tristesse. IV, 482. A.

MASSON, maçon.

MATIÈRE, objet, substance solide. I, 210. A. *Avoir matière*, avoir sujet, raison, motif. *Lesquels n'ont matière ne fondement aucun.* IV, 253. B.

MATTER, mâter, mortifier.

MAUDISSON, malédiction, imprécation. I. 594. B.

MAUGRÉ, prép., malgré.

MAUGRÉEMENT, s. m., imprécations, menaces.

MAUPITEUX, misérable, cruel, impitoyable, dur.

MAUVAISTIE, pl. MAUVAISTIES ou TIEZ, s. f., méchanceté. I, 633. A.

MÉCHANIQUE. *Gens méchaniques*, voués à une profession manuelle. I, 137. B.

MÉDECINER, donner des médecines, traiter pour guérir.

MEIRENT, pour mirent, 3e p. du passé du v. *mettre*.

MÉLANCHOLIE, s. f., bile. IV, 287. B.

MÉMOIRE. *Avoir mémoire*, se souvenir.

MENER, conduire. *Estre mené d'une droite conscience*, être guidé par une conscience sincère. Séduire, entraîner, captiver. *La bonne odeur de cest onguent ne le menoit pas*, ne le séduisait pas, ne le poussait point à parler ainsi. I; 347. A. *Estre mené d'une affection desreiglée*, être poussé, dominé par une passion mauvaise.

MERCI. *Recevoir à merci*, recevoir en grâce, faire miséricorde. I, 185. B. *Prendre à merci*, prendre pitié de, faire grâce. I, 330. B.

MERVEILLE (De), ou de MERVEILLES. *Estre de merveille*, être surprenant.

MESCOGNOISSANCE, s. f., méconnaissance, ignorance, aveuglement. I, 353. A.

MESCROIRE, ne pas croire.

MESCONTER (SE), se méprendre, se tromper, commettre une erreur.

MESGNIE, s. f., famille, race, nation II, 424. A.

MESLINGE, s. m., mélange.

MESME (Le), la même chose, de la même manière.

MESMEMENT, adv., même, de même, et même.

MESNAGER, adj., économe, qui entend l'épargne. *Maistre mesnager*, intendant, maître de maison, père de famille. I, 844. B.

MESPRENDRE, se tromper. *Tous ceux-là mesprenent, lesquels ne tienent conte de Christ :* tous ceux-là sont dans l'erreur, qui ne font aucun cas de Christ. I, 302. A.

MESTIER. *Estre mestier*, être nécessaire. *Il est mestier*, il faut, il est nécessaire. *Christ requiert que nous ayons simplicité en nos paroles afin qu'il ne soit plus mestier de tout jurer.* I, 167. *Avoir mestier*, avoir besoin de. *Les parties qui sont belles n'en ont point mestier.* (1 Cor., XII, 24.)

METTRE. *Mettre au devant (se)*, se représenter, se figurer. *Mettre sus*, charger. *A mis sus à un si noble Royaume une note infâme*, a chargé d'une note d'infamie, a noté d'infamie un, etc. IV, 360. B. *Mettre bas*, abaisser, humilier, abattre. *Afin que tous soient mis bas au regard de Christ*, afin que tous soient abaissés par rapport à Christ ou devant Christ. IV, 363. B. Renverser. I, 217. A.

MEU, part., pour *mû*, de *mouvoir*.

MEURTRIR, commettre un meurtre, frapper à mort.

MIGNARD, pl. — ARS, mignon, tendre, délicat, terme d'affection. *Il les appelle maintenant ses premier-nais, maintenant ses mignars*, tantôt ses premiers-nés, tantôt ses tendres enfans. III, 159. A.

MIGNARDER, traiter délicatement, caresser, flatter. *Les aureilles des princes ont accoustumé d'estre mignardées.* I, 397. A. *Mignarder en soy-mesme*, avoir de l'indulgence pour soy-même, se traiter avec ménagement. I, 142. A.

MIGNARDISE, s. f., délicatesse. I, 261. A.

MINE, s. f., air, apparence. *Par ceste seule mine externe*, par ces apparences du dehors. *Faire mine*, avoir l'air, faire semblant, paraître. *Tout ce qu'ils monstrent par dehors n'est que mine et mensonge*, n'est que faux semblant. I, 208. **B.**

MINISTÉRIAL, adj., *Chef ministérial*, chef dans le ministère de l'Eglise. III, 800. **A.**

MINISTRE, s. m., serviteur.

MINISTRER, servir. *Ministrer aux saincts*, les servir. IV, 424. **A.** S'employer à, être utile à. *Si les Gentils ont esté participans de leurs biens spirituels, ils leur doyvent aussi ministrer quant aux charnels.* (Rom., XV, 27.)

MIPARTIR, séparer en deux parts, diviser.

MIRER (SE). *Se mirer à l'exemple des Prophètes*, se former à leur exemple, régler leur vie sur la leur. I, 451. **B.**

MISE. *Etre de mise*, être présentable, recevable.

MOLESTE, s. f., vexation, ennui, incommodité (lat. *molestia*).

MON, conj. ou adv., affirmatif, vraiment, n'est-il pas vrai? n'est-ce pas? (lat. *num*; gr. μῶν). Voy. *Asçavoir-mon*.

MONDE, adj., pur, propre (lat. *mundus*).

MONDICITÉ, s. f., pureté, propreté (lat. *mundities*).

MONSTRE, s. f., ce qui se voit, ce qui paraît au dehors, ce qui est exposé à la vue, étalage, apparence: *La doctrine de l'Evangile est de petite monstre*, de peu d'apparence. IV, 263. **B.** *Servir de monstre*, servir d'étalage. I, 328. **A.** *Faire monstre*, faire parade, mettre au dehors avec ostentation. I, 208. **B.** Preuve, marque, exemple, spécimen. *Et de ceci a esté faite une monstre visible*, et de ceci a été donné une preuve sen-sible. II, 33. **A.** *Voilà une monstre de la force humaine.* II, 361. **A.** *Mettre en monstre*, exposer à la vue. (Héb., X, 33.)

MONSTRE, s. m., prodige, chose extraordinaire, signe miraculeux. *C'est un monstre incroyable que des hommes mortels s'eslèvent contre leur créateur.* I, 238. **B.** *C'est comme un monstre que l'autheur de salut soit rejetté par les domestiques.* I, 548. **B.** (Lat. *monstrum*.)

MONTAGNETTE, s. f., colline, coteau, monticule.

MORFONDRE, refroidir.

MOUT ou MOULT, adv., beaucoup, très (lat. *multum*).

MOY (De), de ma part, pour ce qui est de moi, pour ce qui me concerne.

MOYEN. *Estre moyen entre*, servir d'intermédiaire, tenir le milieu entre. *Jehan Baptiste a esté comme moyen entre les prophètes et Christ.* II, 824. **A.** *Tenir moyen*, tenir ou garder un milieu. *Recueillons de ceci admonition de tenir moyen en savoir*, de modérer notre désir de connaître. III, 637. **B.** Qui est entre deux, passable. *Remettre en moyen estat*, rétablir en un état passable. IV, 330. **A.** *Il ne tenoit point de moyen*, point de mesure. III, 682. **A.** Peu nombreux. *Comme Asa disoit de sa gendarmerie qui estoit moyenne*, I, 427. **B.**

MOYENEUR ou MOYENNEUR, s. m., médiateur.

MOYENNER, tenir un milieu. I, 189. **B.** Ménager un accommodement entre deux parties, intervenir entre deux parties pour les mettre d'accord ou les apaiser. II, 531. **B.** Faire l'office de médiateur.

MUÉ, changé.

MUNITION, s. f., fortification, armure, tout ce qui sert à protéger. *Munitions*, forces, forteresses. (Lat. *munitio*.)

N

NAVRER, blesser, faire une grande plaie.

NAYF, NAYFVE, adj. naturel, qui imite bien la nature, pur, qui n'a point dégénéré, sans mélange, sincère. *Un miroir nayf* qui réfléchit une image avec netteté. I, 448. **B.** *Briller d'une clarté nayfve*, d'une pure clarté. I, 446. **B.** *Le* *nayf*, subst., la sincérité. *Le nayf de vostre charité.* (2 Cor., VIII, 8.)

NAYFVEMENT, adv., purement, clairement. IV, 368. B.

NE, partic. conj. et négat., pour *ni. Je suis asseuré que ne mort, ne vie, ni anges, ne principautez,* etc. (Rom., VIII, 38.)

NÉANTMOINS, malgré, toutefois. *Ce néantmoins,* malgré cela.

NOISE, s. f., querelle, dispute. *Estre en noise,* être en querelle. *Esmouvoir noise,* chercher dispute.

NOISEUX, adj., querelleur.

NOM. *Au nom de,* comme, en qualité de. *Qui reçoit un prophète au nom de Prophète.* (Matth., X, 41.)

NOMBRER, compter. *Estre nombré pour peuple de Dieu,* être considéré comme peuple de Dieu.

NOMMÉEMENT , adv., nominativement, en désignant par le nom, particulièrement, expressément. I, 439. B.

NOMPAREIL, sans égal.

NONCHALANCE (Mettre en), négliger. (Hébr., II, 3.)

NONCHALOIR, s. m., insouciance, négligence, paresse. II, 202. B. *Mettre en nonchaloir,* négliger. (1 Tim., IV, 14.)

NOPCES, s. f. pl., noces (lat. *nuptiæ*).

NOTE, s. f., marque d'ignominie, flétrissure. *Il n'a point refusé de porter ceste note en son lignage.*

NOUVELLE. *Il n'était nouvelle,* il n'était plus fait mention, il n'était plus question.

NOUVELLETÉ, s. f., nouveauté.

NUEMENT, adv., d'une manière nue, dépouillée de tout ornement, de tout ce qui accompagne et relève une chose. *La mort de Christ considérée nuement est matière de désespoir.* I, 488. B.

NUISANCE ou NUISSANCE, s. f., dommage. *Faire nuisance,* nuire. *Se présenter à toute nuisance,* s'exposer à tout ce qui peut nuire.

O

OBJURGATION, s. f., reproche, répréhension, réprimande.

OBLIGÉ, s. m., acte par lequel deux parties s'engagent l'une envers l'autre, obligation. (Col. II, 14.) *Christ a attaché à la croix l'obligé de la loy.* III, 687. B.

OBLIQUE, adj. , détourné, indirect. *Tomber dans une desfiance oblique,* tomber d'une manière détournée dans la défiance. I, 14. B.

OBMETTRE, omettre.

OCCASION. *Avoir une occasion,* avoir sujet, avoir lieu de.

OCCIRE, tuer.

OCCISION, s. f., meurtre, tuerie. *Il y a une occision vivifiante de l'âme,* une mort qui vivifie. IV, 402. B.

OCCULTE, caché, inconnu. *Ils ne contemplent la main de Dieu plene d'une abondance occulte de tous biens,* d'une abondance inconnue de biens. I, 193. B.

OCTANTIÈME, quatre-vingtième.

ŒUVRER, opérer, produire, agir avec efficace. *La loy œuvre ire,* produit la colère. *Il œuvre ès hommes,* il agit dans les hommes, il déploie en eux sa vertu. I, 316. A. *Ils ont pensé que les vertus œuvroyent , c'est-à-dire se démonstroyent puissamment en luy.* I, 395. B.

OFFENSE. *Emporter offense,* rendre coupable d'offense. *Il leur sembloit qu'il n'y avoit que perjures qui emportassent offense,* qui rendissent coupable comme transgresseur de la loi. I, 465. A.

OFFERTE, s. f., offrande.

OMBRAGE, *en ombrage,* en figure, dans un sens figuré.

OMBRATILE, figuré, symbolique (lat. *umbratilis*).

ONC, ONCQUES ou ONQUES, adv., jamais. *Je ne vous cognu oncques,* je ne vous connus jamais. (Matth., VII, 23; Hébr. I, 5.)

ONGNEMENT, s. m., parfum, huile de senteur. *Elle les frottoit d'ongnements.* (Luc, VII, 38.)

OPPOSITE (A l'), adv., au contraire. *Extrémités opposites,* extrémités opposées.

OPPUGNER, attaquer.

ORD, E, souillé, sale.

ORDONNER, conférer une charge, un pouvoir. *Christ. les ordonnant à faire miracles leur baille*, etc. I, 250. A.

ORDRE. *Donner ordre*, mettre en ordre, I, 221. B.

ORES, adv., présentement, à cette heure (lat. *hora*).

ORRA, fut. du v. *ouïr*.

ORROIS, cond. du v. *ouïr*.

OST, s. m., camp. *On portoit hors l'ost les bestes le sang desquelles estoit espandu pour le péché.* II, 376. A.

OTTROYER, accorder.

OUBLIANCE, s. f., oubli.

OUIR, entendre. Présent, j'oy, il oit, ils oyent; imparf., j'oyois, ils oyoyent; cond., orroit; fut., il orra, ils orront.

OUIR, s. m. *La fin est par l'ouïr, vient de ce que l'on entend.* (Rom., X, 17.)

OUTRE, prép., au delà *Outre le cours de la nature*, hors du cours, etc. *Tout outre*, complétement, entièrement. *Ils avoyent tout outre arresté*, etc. I, 680. B. *Outre plus*, ajoutez à cela, de plus.

OUTRECUIDÉ. *Gens outrecuidez*, présomptueux. I, 156. A.

OUTREPASSEMENT, s. m., action d'outrepasser.

OUVERTURE. *Se faire ouverture.* Commencer, entreprendre. *Il se fait ouverture à traitter la matière.* III, 657. B.

OUVRE, s. f., œuvre.

OUVRER, travailler. *Il y a six jours esquels il faut ouvrer.* (Luc, XIII, 14.)

OY, prés. du v. *ouïr*.

OYOIS, imparf. du v. *ouïr*.

P

PACTION, s. f., alliance. (Rom., IX, 4.) *Faire paction*, faire pacte, faire un accord. (Lat. *pactio*.)

PAPEGAI, s. m., perroquet.

PAR, prép., pendant. I, 173. A. *Par chacun jour*, de jour en jour.

PAR AINSI, de cette manière. (Luc, XVI, 8.)

PARACHEVER, terminer entièrement, accomplir parfaitement.

PAR AVANT, adv., auparavant, précédemment.

PARAVENTURE, adv., peut-être, probablement. *Ce que j'ay entrelacé de Luc se rapporte paraventure à un autre temps,* — il se pourrait bien que les versets intercalés de Luc se rapportassent à un autre temps. I, 324. A.

PAREMENT, s. m., ornement, parure. (1 Cor., XII, 23.)

PARFAIRE, s. m., accomplissement, achèvement, exécution.

PARFAIRE, v., accomplir, achever, amener à la perfection.

PARFIN (A la), à la fin, enfin.

PARFORCER (SE), se forcer outre mesure, se faire violence. III, 275.

PARFOURNIR, fournir complétement, achever de fournir. III, 628. A.

PARLER, s. m. *Valoir le parler*, valoir la peine que l'on en parle.

PARQUOY, conj., c'est pourquoi, aussi.

PART. *La plus grand'part*, la plupart.

PARTEMENT, s. m., départ.

PARTIAL, ALE, partiel. III, 64. A.

PARTIE. *En la bonne partie*, en bonne part. I, 240. A.

PARTIES, parties de la terre, d'un pays, contrées, provinces. *Ès parties de la Galilée.* (Matt., II, 22.) *La roine des parties du midi*, la reine des contrées du midi. (Luc, XI, 31.)

PARTIR, partager, diviser. *Di à mon frère qu'il partisse avec moy l'héritage.* (Luc, XII, 13.) *Se partir de quelqu'un*, s'en séparer, le quitter (Luc, I, 38.) *Partir avec*, partager avec, faire part de, ou participer à. (Lat. *partiri*.)

PARTISSEMENT, s. m., distribution, division, séparation, distinction. *Tel partissement de jours estoit convenable aux Juifs de célébrer*, etc. Une telle distinction de jours était convenable aux Juifs, savoir de célébrer, etc. IV, 87. A.

PARTISSEUR, s. m., distributeur, celui qui fait un partage. (Luc, XII, 14.)

PASSABLE, convenable, supportable, admissible. *Cela n'estoit aucunement passable.* Cela n'était nullement supportable. I, 247. B.

PASTEUR, berger (lat. *pastor*).

PATINE, s. f., petit plat, patène.

PATINOSTRE, patenôtre, le pater, chapelet.

PECCATOIRE, adj., plein de péché, de révolte, d'inimitié contre la loi de Dieu. III, 119. B.

PÉCULIER, ÈRE, particulier (lat. *peculiaris*).

PÉCULIÈREMENT, adv., particulièrement.

PEINE. *Mettre peine*, s'appliquer à, s'efforcer de. I, 150. A. *Soutenir peine*, porter la peine d'une faute.

PENDEREAU, pendard, scélérat.

PENDRE A L'ŒIL, être proche, être prêt à fondre sur. *Une vengence horrible nous pend à l'œil;* nous menace. I, 226. A.

PENSEMENT, s. m., pensée, préoccupation, méditation, attention. *Combien que le pensement que la femme de Pilate avoit eu de jour, ait pu estre cause du songe.* I, 697. A.

PENSER, panser, soigner.

PERDURABLE, adj., qui doit durer toujours (lat. *perdurare*).

PERJUREMENT, s. m., parjure.

PERMETTRE, remettre, commettre, confier. *Ils permettent l'affaire aux voix de tous.* II, 729. B.

PERPÉTRER, faire, achever, commettre (lat. *perpetrare*).

PERSUADENT, TE, persuasif. *Une parole persuadente.*

PERSUASIBLE, adj., persuasif.

PERTUIS, s. m., trou, ouverture. *Le pertuis d'un vaisseau*, l'ouverture d'un vase.

PERTUISÉ, percé.

PETIT. *Un petit*, un peu. *Un petit de temps*, un peu de temps. *Un petit moindre*, un peu moindre. Hébr., II, 7.

PEU, passé de *pouvoir*, il a peu, pour *il a pu.*

PICQUE, s. f., aigreur entre des personnes, brouillerie. *Avec picque*, avec aigreur, d'une manière piquante, acerbe. *Mettre en picque contre quelqu'un*, brouiller avec, donner de l'aigreur contre quelqu'un. I, 230. A. — Attaque. *Une belle occasion de picque*, une belle occasion de l'attaquer. I, 453. B.

PIÉÇA, adv., autrefois, il y a longtemps. Matt., XI, 24. *Dés piéçà*, dès longtemps.

PIPE, futaille d'un muid et demi.

PIPERIE ou **PIPPERIE**, s. f., fourberie, supercherie.

PITEUSEMENT. *Chanter piteusement*, chanter des airs lugubres, des complaintes.

PLACE, *faire place aux dangers*, reculer devant le danger.

PLAIDOYER, plaider.

PLAIDS, s. m., plaidoyer, plur. *plaids*, les assises, lieu et temps des audiences. Act., XIX, 38.

PLAIN, E, adj., uni, clair, manifeste (lat. *planus*).

PLAIRE (SE), se complaire en soi-même, être content de soi.

PLAISANT. *Etre plaisant*, être agréable.

PLAISIR. *Faire plaisir*, faire du bien. *Christ déclare que ce sera marque de nostre adoption, si nous faisons plaisir mesmes aux mauvais.* I, 173. A. *Abandonné au plaisir de fortune*, aux caprices du hasard.

PLANTUREUSEMENT, adv., copieusement, abondamment.

PLATINE, s. f., petit plat, patène.

PLÈGE ou **PLEIGE**, s. m., caution, répondant.

PLEIN (A), complétement, entièrement. *Tout a plein*, sans broncher, sans hésitation, sans doute, certainement. *Vous me direz tout à plein*, etc. (Luc, IV, 23.

PLORER, pleurer (lat. *plorare*).

PLOYABLE, soumis, souple, docile. *Il faut nous ranger à Christ d'un cœur humble et ployable.* Nous soumettre à Christ avec docilité. I, 551. A.

POIDS. *Emporter poids*, avoir de l'importance, avoir une valeur particulière, donner de la force à un raisonnement. *La répétition dont use saint Luc emporte poids.* I, 263. A. *Donner poids*, peser, insister sur l'importance d'une chose. IV, 520. A. *Emporter le poids,* l'emporter en valeur, être plus important. IV, 520. B.

POIGNANT, adj., piquant, blessant. *Esprit poignant*, esprit plein d'amertume. Rom., XI, 8. Cf., III, 198. B.

POIGNER, piquer, offenser, tourmenter.

POINCTE, s. f., piqûre, blessure, tourment, chagrin. I, 163. B. (Lat. *punctio*).

POINCTURE, voy. *Pointure*.

POINDRE, piquer, blesser. *Poindre les consciences*, les atteindre. I, 307. B. Reprendre fortement et rudement. *Poingt la malice*, etc., censure la malice, etc. I, 681. A. (Lat. *pungere*.)

POINT, part. nég. *Le plus mortel baston qu'il ait point, c'est le mensonge.* Il n'a pas de trait plus meurtrier que le mensonge. II, 188. A.

POINTURE, ou POINCTURE, s. f., piqûre, douleur.

POISÉ, pesé.

POLICE, ordre civil. *La police estoit toute troublée.* I, 35. B.

POLLU, part. passé de *polluer*, souiller (lat. *pollutus*).

POPULAIRE, s. m., la multitude, le peuple.

PORTER, supporter. I, 450. A. *Se porter*, se comporter, se conduire. I, 240. A.

POSTE (A sa), à son gré, à sa convenance, à sa fantaisie. *Payer Dieu par quelque service forgé à nostre poste*, par quelque service imaginé selon nos convenances, arrangé à notre guise. *Ils ont eu des tesmoins forgez à leur poste*, des témoins complaisants, prêts à témoigner ce qu'ils voudront. II, 900. B.

POSTES, s. m., courriers, messagers. *Quels postes prompts il ha pour exécuter ses ordres.* IV, 372. A.

POSTPOSER, mettre après, mettre en seconde ligne; estimer moins (lat. *postponere*).

POLPITRE, s. m., pupitre, tribune.

POUR CE, conj., pour cette cause; *pour ce que*, parce que.

POURCHAS, s. m., recherche, effort, travail. II, 691, A.

POURCHASSER, poursuivre, rechercher avec ardeur. *Pourchassez charité* (1 Cor. XIV, 1). *Pourchasser que mal*

ne leur advienne, s'efforcer de les préserver de tout danger. I, 259. A.

POUREUX, poltron, lâche, timide.

POURMENER, promener, mener çà et là. I, 34. B. Mener. *Un bourreau qui les pourmène bien rudement.* I, 393. A.

POURROYE, pourrais, condit. de *pouvoir*.

POURTANT, conj., pour autant, pour cette raison. I, 310. B. *Pourtant que*, parce que. *Il est ainsi, pourtant que ton bon plaisir a esté tel* (Matt. XI, 26). — En tant que, de ce que. *Le Maistre loua le maistre d'hôtel pourtant qu'il avoit fait prudemment* (Luc XVI, 8). *Et pourtant*, et pour cette raison, c'est pourquoi. II, 272. B.

POURTRAIRE, dessiner, reproduire les traits.

POURTRAIT, part. de *pourtraire*, tracer, dessiner, reproduire les traits.

POURTRAIT, ou POURTRAICT, s. m., portrait, image.

POURTRAITURE, s. f., portrait, image. — *Il y a grande différence entre l'homme et sa pourtraiture.* IV, 432. B.

PRÉCIPITANT, adj., inconsidéré, étourdi, qui agit avec précipitation. *Précipitant à*, prompt à.

PRÉFIX, adj., déterminé à l'avance.

PRÉJUDICE, s. m., préjugé. (lat. *præjudicium*).

PREMIER, adv., auparavant, tout d'abord. IV, 282. B. *Premier que moy*, avant moi.

PREMIÈREMENT QUE, adv., avant que.

PRENDRE (SE), se mettre à, commencer. *Ne vous prenez pas à dire* (Luc III, 8). Se rapporter. *Le grand banquet ne se prend pas tant au nombre des convives qu'à l'abondance des viandes.* — Ne se rapporte pas tant au, etc. I, 227. A.

PRESCHEUR, prédicateur.

PRÉSENCE (En). *Christ est descendu en terre, afin d'offrir en présence la grâce de Dieu*, — afin d'offrir aux hommes la grâce de Dieu, comme présente en sa personne. I, 225. A.

PRÉSENT (De), pour le présent, pour le moment, maintenant.

PRÉTENDRE, tendre au devant, mettre

en avant, alléguer, prétexter : *Les hypocrites deschirent Dieu par pièces, quand ils veulent prétendre le nom de Dieu*, quand ils mettent en avant le nom de Dieu. II, 207. B.

PREUDHOMMIE, s. f., probité, fidélité. IV, 74. A.

PRIM-TEMPS, s. m., printemps (lat. *primum tempus*).

PRINCIPAL, le capital, le fonds principal d'une dette.

PRINSE, s. f., prise, capture.

PRIS (au), en comparaison. *Que seroit-ce au pris, s'ils sortoyent Rois dés le ventre de la mère*, — que serait-ce, en comparaison, s'ils, etc. I, 35. A. — Par rapport à, relativement à. *Dont il ne nous faut soucier, sinon au pris que le jour vient l'un après l'autre*, dont il ne nous faut prendre souci que pour le jour présent, par rapport à celui qui le suit. I, 182. A.

PRINS, pour pris; *print*, pour prit; *prindrent*, pour prirent, du verbe *prendre*.

PRIVÉ. *A son privé*, en particulier, à part. (Matt. XIV, 23.) *Un privé*, un particulier, un homme sans autorité, sans mandat.

PRIVÉEMENT, adv., familièrement, intimement. I, 203. B.

PROBATION, s. f., preuve, épreuve I, 307. B. (Lat. *probatio*).

PROCÉDURE, s. f., procédure, manière d'agir, conduite. *Par leur procédure, ils font Satan distributeur de toutes les richesses du monde.* I, 123. B.

PROCHAINETÉ, s. f., relations, rapports d'un homme avec son prochain. *Les scribes prenoyent ceste prochaineté selon l'affection d'un chacun.* Les scribes entendaient ces rapports de l'homme avec son semblable chacun à sa façon. I, 474. B. — *La prochaineté de sang*, les liens de parenté. I, 319. B. — Proximité des lieux, voisinage. III, 724. A.

PROCURER, avoir l'administration, la charge, la conduite, le soin de, veiller à (lat. *procurare*).

PROESSE, s. f., prouesse, valeur, courage.

PROFONDITÉ, s. f., profondeur (Lat. *profunditas*.)

PROGNOSTIQUER, pronostiquer, conjecturer d'après des indices, annoncer d'avance.

PROPORTION, dimension. *Combien qu'il n'eust aucun défaut en la proportion de la langue.* I, 305. A. Rapport, *Suyvons ceste analogie et proportion*, déduisons de là par comparaison cette leçon. I, 142. B.

PROPOS, s. m., dessein, but, pensée. — *Ferme en son propos*; qui a un dessein, une résolution bien arrêtée. *Coucher ses propos*, exprimer sa pensée, I, 96. A. *Appeler par son propos*, selon son dessein (2 Tim. I, 9). *Il n'y auroit point de propos*, point de raison. IV, 422. B. *Amplifier le propos*, développer sa pensée. IV, 433. B. — Sujet, discours. I, 166, A. *Appliquer son propos à quelqu'un*, lui faire l'application de son discours. *Mettre en propos quelqu'un*, le mettre sur un sujet, l'engager à se prononcer, questionner. I, 410. B. *Mettre quelqu'un en propos avec un autre*, les aboucher, les engager à conférer ensemble. IV, 538. B. *Tenir propos*, s'entretenir, traiter, parler de. *Tirer propos de la bouche*, faire parler quelqu'un sur un sujet. *Tirer un propos à un passage*, l'appliquer au sujet traité. *Tomber en propos*, venir à parler de. *Tout le discours du propos*, tout l'ensemble du discours. I, 340. A. *Avoir long propos à dire*, avoir beaucoup de choses à dire. (Hébr. V, 41.) *Propos coupé*, sentence détachée. I, 453. B. *Propos rompus*, discours interrompus, paroles entrecoupées. II, 403. B.

PROPOSER, offrir, présenter. *En la personne du serviteur, Christ a proposé aux Gentils quelque petit goust comme un premier fruit de sa grâce*, Christ a offert aux Gentils, en la personne du serviteur, un petit avant-goût et comme les prémices de sa grâce. I, 247. A.

PROPRE, qui appartient exclusivement à. *Nul ne possède rien propre à soi*, nul ne possède rien en propre. *Il parle de son propre*, de ce qui lui est propre, de ce qui est dans sa nature. (Jean VIII, 44.) (Lat. *proprius*.)

PROPREMENT, adv., d'une manière convenable, bien appropriée. *Estre pro-*

prement, convenir. — Convenablement, avec justesse. I, 302. A. (Lat. *propriè*.)

PROUMENOIR, s. m., promenade, lieu où l'on se promène.

PROUVOIR, pourvoir (lat. *providere*.)

PROUVOYABLE, adj., prévoyant.

PROUVOYANCE, s. f., prévoyance. I, 257. A.

PROYE, butin. *Abandonner leurs biens en proye*, se laisser dépouiller, se laisser ravir leurs biens. I, 169. A.

PUANTISE, s. f., puanteur.

PUDICITÉ, s. f., chasteté.

PUIR, sentir mauvais.

PUIS APRÈS, après quoi, ensuite.

PUR. *A pur et à plein*, simplement et complétement. *Le créancier quitta à pur et à plein ses detteurs.* I, 346. B.

PURGATION, s. f., purification.

PURGER, purifier, nettoyer. *Se purger de fausses accusations*, se laver de, etc.

PUT (il), 3ᵉ p. du prés. du v. *puir*, sentir mauvais.

Q

QUANT, adj., autant, combien. *Ne tant ne quant*, ni d'une façon ni d'une autre, ni dans une mesure ni dans une autre. *Si tost que nous nous détournons ne tant ne quant, en quelque mesure que ce soit, pour peu que ce soit*, IV, 436, A. *Quant et*, avec. *Quant et soy*, avec soi, IV, 578. A. *L'un quant et l'autre*, l'un avec l'autre, ensemble, III, 280, A. *Quant et quant*, ou *et quant et quant*, adv. et conj., autant de fois, chaque fois, en même temps. *Quant et quant, prépare-moy*, etc., prépare-moi en même temps. (Phil. 22.) *Il prie quant et quant*, il prie chaque fois, IV, 350, A. *Nous rendons grâces à Dieu et quant et quant nous prions*, toutes les fois que nous prions, IV, 60, A. *Et toutes fois quant et quant*, bien qu'en même temps, I, 735, A. (Lat. *quantus*.)

QUANT EST DE, pour ce qui est de.

QUANTES, adj. fém. pl., autant que. *Quantes fois*, autant de fois que. *Toutes et quantes fois*, ou *toutes fois et quantes*, aussi souvent que, IV, 532, B. (Lat. *quantus*.)

QUARESME, Carême.

QUARTEMENT, adv., en quatrième lieu.

QUASI, adv., presque.

QUATRAINE, adj., par quatre, bande de quatre. (Act. XII, 4.)

QUE, pron., ce que. *Savoir que c'estoit de crainte*, ce que c'était que la crainte. *Que c'est que veut dire cela*, ce que veut dire cela. *Premièrement que*, avant que. *Premièrement que promis*, avant qu'il ait été promis, IV, 348, A. *Quoique ce soit*, (avec une négation) rien. *Il n'y ait que redire*, rien à redire, I, 343, A. *N'avoir que manger*, n'avoir rien à manger.

QUELLEMENT, adv., en quelque façon. *Tellement quellement*, tant bien que mal, d'une manière très imparfaite, médiocrement, I, 586, A.

QUELQUE, adv., un peu. *Quelque nombre*, un petit nombre, I, 239, B.

QUELQUE FOIS, Adv., une fois. *Toy donc quand quelque fois tu seras converti.* (Luc XXII, 32.) *Sa tyrannie devoit prendre fin quelque fois*, IV, 166, A.

QUERIMONIA, s. f., plainte. (Lat. *querimonia*.)

QUEUX, s. m., sorte de pierre à aiguiser.

QUI. *Ce n'ont-ils pas esté qui*, etc., ce n'est pas eux qui. I, 690, A.

QUITTER, laisser, céder. *Quitter la place à quelqu'un*, IV, 550, A. Décharger, exempter, tenir quitte. (Luc VI, 37.)

QUOI, adj., tranquille. *Demeurer quoi*, demeurer en repos.

QUOTER, indiquer, désigner. *L'autre passage quote le temps*, etc., I, 60, A. (Lat. *quot.*)

QUOY (de), de quelle manière, comment. *De quoy me cognois-tu?* Comment me connais-tu? II, 32, A.

R

RACANEMENT, s. m., braiment.

RACOUSTRER, raccommoder, réparer.

RADDRESSEMENT, s. m., redressement, répréhension.

RADRESSER, redresser.

RAILLARD, s. m., railleur, moqueur.

RAIRE, raser, part. *rais, se.* Actes, XVIII, 18. (Lat. *radere.*)

RAMENTEVOIR, rappel, remettre dans l'esprit; part. ramentevant (lat. *mens*).

RAMENTOIR, rappeler, faire souvenir, remettre dans l'esprit. II, 136. A. Impér., ramentoy, ou ramente-toy; part., ramentu (lat. *mens*).

RAMENTU, part. de *ramentoir;* rappeler, faire souvenir.

RANGER, faire rentrer dans l'ordre, soumettre, contraindre. *Il n'y avoit aucune nécessité qui rangeast Christ à telle sujétion.* I, 97. B.

RAPETASSERIES, s. f. plur., vieilles hardes grossièrement recousues ensemble; erreurs méprisables et grossières. *Estoyent survenus des docteurs qui adjoustoyent à la Parole de Dieu quelques rapetasseries de leur invention.* I, 413. A.

RAPPAISER (SE), se radoucir.

RASSOTER, extravaguer, radoter.

RAVISSANT, adj., qui ravit. *Gens ravissans,* ravisseurs.

RAVISSEMENT, s. m., enlèvement avec violence.

RAYE, s. f., sillon. *Ils ont alongé leurs rayes,* ils ont tracé de longs sillons. IV, 296. B.

RÉAL, E, adj., réel (lat. *realis*).

RÉALEMENT, adj., en réalité, réellement.

REBECQUER (SE), se redresser contre quelqu'un, répondre avec fierté à un supérieur, se révolter contre l'autorité de quelqu'un, lui résister. I, 35. A.

REBOUSCHER, ou REBOUCHER, émousser. III, 493. B.

REBOUTER, rejeter avec dureté, avec mépris, dédaigner. *Le péager, comme*

un homme rebouté, se présente tremblant. I, 385. A.

RECHARGER, renvoyer une accusation à celui qui l'a fait. I, 458. B.

RECOMMANDATION (Avoir en), avoir égard à, avoir de la considération pour, estimer.

RECOMMANDATOIRE, adj., qui recommande. *Epistre recommandatoire,* lettre de recommandation.

RÉCOMPENSER, compenser. *Récompenser toute la peine,* compenser la peine, en dédommager (lat. *compensare*).

RECORDATION, s. f., souvenir (lat. *recordatio*).

RECORDER, remettre en l'esprit, rappeler, apprendre. *Recorder avec,* ou *ensemble,* rapprocher, concilier I, 73. A. (Lat. *cor, recordari*).

RECOURRE, délivrer. I, 309. B.

RECOUSSE, s. f., délivrance. *Son bras a été sa recousse,* son bras l'a délivré. I, 34. A.

RECOUVRER, acquérir, se procurer, trouver. *Il se contentoit de viandes communes et aisées a recouvrer,* et qu'il était facile de se procurer. I, 403. B.

RECOUX ou RECOUS, part. de *recourre,* sauver des mains ue quelqu'un, délivrer.

RECREU, adj., las, fatigué, harassé.

RECUEIL, s. m., accueil, rassemblement, réunion. (2 Thess., II, 1.)

RECUEILLIR, rassembler.

RECULÉ (Estre), être éloigné. *Estre reculez et du tout estrangez de la vie,* être éloigné et entièrement privé de la vie. I, 58. A.

RÉDARGUER, reprendre, blâmer, accuser, convaincre (lat. *redarguere*).

REDEVABLE, qui a des obligations envers quelqu'un. *Leur redevable,* leur obligé.

REDDITION DE CAUSE, manière de rendre compte, de rendre raison, d'expliquer. Explication. *Ce ne sera point une assez ferme reddition de cause, ce* ne sera pas une explication suffisante et solide. II, 194. A.

RÉDIGER, réduire. *Rédiger à néant* (lat. *redigere*).

REDONDER, abonder, déborder, regorger. Rom., V, 15. *Le déshonneur d'un membre redonde au déshonneur de tout le corps*, rejaillit sur tout le corps. III, 454, B. (Lat. *redundare*.)

REDRESSER, relever. *Redresser son esprit*, redresser en une assurance certaine, redonner une ferme assurance.

RÉDUIRE A BIEN (SE), revenir au bien, s'amender, IV, 353, B.

RÉDUIRE EN MÉMOIRE, remettre en mémoire, rappeler.

RÉFECTION, s. f., repas. *Prendre une réfection*, prendre un repas. *Estant entré en la maison pour prendre sa réfection.* (Luc, XIV, 4.) (Lat. *refectio*.)

REFREIN, impér. de *refreindre*, refréner, réprimer. (2 Tim., II, 16.)

REFRÈNE, impér. de *refréner*, réprimer.

REFRÉNER, mettre un frein, réprimer.

REFRESCHIR, rafraîchir.

REFUIR, s'enfuir, se retirer avec précipitation devant un danger, éviter. *Quant à l'office de pasteur il le refuit de loin.* I, 440. B. (Lat. *refugere*.)

REGARD, s. m., aspect, vue, point de vue, manière de considérer une chose. *Comment n'ont honte les sophistes d'y adjouster d'autres regars?* de lui donner d'autres sens, de l'envisager encore autrement. III, 756. B. *Il est plus vraisemblable que S. Paul a eu divers regars*, a eu diverses choses en vue. IV, 297. A. *N'a eu autre regard*, n'a rien eu en vue que. IV, 314. B. *Par divers regars*, à divers égards, sous divers rapports. *Pour le regard*, par rapport à. *Pourveu que leur nourriture soit comme un accessoire pour le regard du labeur*, I, 252. B. *Pour un autre regard*, sous un autre rapport. IV, 278. A. *Pour quelque certain regard*, à certains égards, sous un certain rapport. *Pour son regard*, en vue de lui, par rapport à lui. *Au regard de*, relativement à, en comparaison de. *Les Apostres sont nommez moissonneurs au regard des Pro-*

phètes. I, 338. A. *Le parentage charnel ne doit point estre prisé au regard de la conjonction spirituelle*, en comparaison de l'union spirituelle. I, 320. B. *Avoir regard*, avoir égard. I, 326. A.

REGARDER, prendre garde. *Regardez à vous*, prenez garde à ce que vous faites. (Actes, V, 35.)

RÉGIONS, s. f. plur., contrées, campagnes. *Regarder les régions jà blanches pour moissonner.* (Jean, IV, 35.) (Lat. *regiones*.)

RELIEFS, s. m. plur., restes d'un repas.

RELIQUES, s. m. plur., restes, résidu (lat. *reliquiæ*).

REMBARRER, reprendre, repousser avec force, répondre avec sévérité et péremptoirement. *Il les a vengez bien rudement et rembarrez comme ils le méritoyent.* I, 106. A.

REMEMBRANCE, s. f., souvenir.

REMÉMORER, rappeler, faire souvenir.

REMETTRE EN SON ENTIER, rétablir, réintégrer.

REMETTRE SUS, relever, rétablir.

REMONSTRANCE, s. f., leçon, avertissement. *Faire une remonstrance*, enseigner, avertir. II, 153. A.

REMONSTRER, enseigner. I, 262. B.

REMORDRE, être piqué, tourmenté. *Quand le cœur ne remord plus d'aucuns aiguillons de la chair*, quand le cœur n'est plus tourmenté par les aiguillons de la chair. IV, 473. B.

REMPLAGE, s. m., ce qui sert à remplir un vide. *Le drap neuf qui a esté mis pour remplage*, etc. (Marc, II, 21.)

RENCONTRE, s. f., occasion. *Quand la rencontre le vaudra*, quand l'occasion en vaudra la peine. I, 372. A. *Rencontre de propos.* I, 341. B., trait d'esprit, bon mot.

RENONCEMENT, reniement, désaveu. *Aucuns se sont monstrez trop extrèmes en condamnant la fuite comme une espèce de renoncement.* I, 260. A.

RENFORCIR, renforcer, raffermir. *Le prophète commande qu'ils renforcissent les genoux affoiblis.* IV, 516. A.

RENGRÉGER, augmenter le mal, le renforcer.

RENOMMER, nommer avec éloge. *Il vient à propos d'en renommer autheur le Sainct-Esprit.* Il convient d'en attribuer l'honneur au Saint-Esprit. III, 244. B.

RENONCEUR, s. m., celui qui rejette, repousse, renie.

RENVERSE, perverti, corrompu, (Tite, III, 11.) (Lat. *eversus*.)

RÉPARER, parer, orner de nouveau.

REPRENEUR, s. m., celui qui reprend, blâme, accuse. I, 357. B.

REPRÉSENTATION, s. f., dehors avantageux, attirail pompeux. *N'ayant en sa personne représentation, apparence, ne monstre*, ni pompeux attirail, ni apparence extérieure, ni aucun étalage des choses, etc. I, 103. B.

REPRINS, repris, blâmé.

RÉPUGNANCE, s. f., divergence, contradiction. *Les bons expositeurs exposent ainsi la répugnance qui semble estre entre les évangélistes.* I, 50. B. (Lat. *repugnantia*.)

RÉPUGNANT, qui ne concorde pas, qui est en contradiction, opposé, contraire à. *Estre répugnant à*, être opposé à. *Regardez que ne soyez trouvez estre répugnans. à Dieu*, prenez garde que vous ne soyez trouvés vous opposer à Dieu. (Act., V, 39.)

RÉPUGNER, être opposé, contraire à, combattre, contredire (lat. *repugnare*).

REPURGATION, s. f., purification.

REPURGER, nettoyer, purifier. IV, 550. B.

RÉPUTER, juger, penser, estimer. *Se réputer*, prétendre, se flatter. *Je ne me répute point d'avoir appréhendé le but.* (Phil., III, 13.)

RESCINDER, casser, abolir, annuler. I, 665. B. (Lat. *rescindere*.)

RÉSOLUTION, s. f., solution, explication. *Avoir résolution*, résoudre, donner une solution, expliquer. I, 224. A. *Faire une résolution*, tirer une conclusion, inférer, déduire. *Dont on peut faire certaine résolution que*, etc., d'où l'on peut conclure avec certitude. II, 296. B. — Opinion. I, 305. B. (Lat. *resolutio*.)

RÉSONNER, célébrer par des cantiques, psalmodier. *Chantans et résonnans en vostre cœur au Seigneur.* (Eph., V, 19.)

RESPECT (Au), à l'égard de. (Col., II, 16.) (Lat. *respectus*.)

RESSERRER, renfermer, comprimer. *Quoy que nous soyons resserrez en nous-mesmes par nostre infidélité.* II, 726. A.

RESSUSCITATION, s. f., acte de ressusciter.

RESTIF, rétif, rebelle (lat. *restare*).

RETARDATION, s. f., retard, délai, ajournement. IV, 160. B. (Lat. *retardatio*.)

RETIRER, attirer, entraîner. *Les fidèles mesmes sont souvent retirez par les affections corrompues de la chair.* I, 190. B.

RETRAICTE, s. f., réceptacle.

RETRAIT, s. m., égout, privé.

RETS, plur. de REZ, filet. I, 343. B.

RÉUNISSEMENT, s. m., action de réunir, réunion.

RÉVÉRENCE. *Pour la révérence de Dieu*, par une crainte respectueuse de Dieu, par respect pour Dieu. I, 24. A.

REVIRER, retourner.

RÉVOLTEMENT, s. m., révolte, rébellion.

RÉVOQUER, rappeler, ramener. *Révoquer à repentance.* IV, 146. B. *L'apostre révoque les Thessaloniciens de ces deux extrémitez.* (Lat. *revocare*.)

REZ, s. f., filet.

RIEN PLUS. *Tant sotte que rien plus*, on ne peut plus absurde. I, 57. A.

RIOTER, quereller, disputer, contester.

RIOTEUX, adj., disputeur, querelleur.

RIOTTE ou RIOTE, s. f., débat, contestation, querelle, dispute.

RIS, s. m., rire.

ROINE, s. f., reine.

ROMANISQUE, qui partage les erreurs du clergé romain.

ROMPRE (SE), se fatiguer. *Se rompre l'entendement*, se fatiguer inutilement l'esprit, se rompre la tête. *Rompre la broche*, couper court. *Le désespoir rompt la broche à leurs désirs*, paralyse leurs désirs. IV, 519. B.

ROMPU, interrompu. *Propos rompu*, discours interrompu, paroles entrecoupées. II, 103. B.

ROMPURE, s. f., rupture, déchirure.

ROND, sincère. *Une conscience ronde*, conscience droite, sincère.

RONDEAU, s. m., cercle. *Par rondeaux*, en cercle, à la ronde, à l'entour. II, 787. B.

RONGEURE, s. f., vermoulure.

RONGNE, s. f., gale, mal invétéré et qui cause des démangeaisons. *Si tost qu'on leur gratte leur rongne un peu rudement.* Si tôt qu'on leur reproche un peu rudement leur méchanceté. I, 132. B.

RONGNEUX, adj., galleux.

ROOLLE ou ROLLE, s. m., rouleau, feuilles de papier collées bout à bout. *C'est signe qu'elle est au bout de son roolle*, au bout de son savoir. I, 54. A. *Les livres ont esté anciennement pliés a la façon d'un rolle.* IV, 468. B. *Ceux qui rendent tesmoignage à la vérité de Dieu n'ont pas recordé leur roolle en-*semble, n'ont point rapproché leurs écrits pour les mettre d'accord. I, 73. A. (lat. *rotulum*.)

ROUILLURE, s. f., rouille.

ROUTE, s. f., déroute. *Mettre en route*, mettre en déroute, disperser.

RUDE, adj., ignorant, grossier, inculte. *Pour ce qu'une mesme chose est enseignée autrement aux rudes qu'elle n'est pas à ceux qui ont desjà aucunement proufité.* IV, 418. B. (Lat. *rudis*.)

RUDESSE, s. f., ignorance, grossièreté. *Selon la capacité de nostre rudesse*, suivant la capacité de nos esprits encore peu éclairés.

RUER, renverser, ruiner, jeter par terre. *Estre rué jus*, être jeté à bas, être défait, être mis en déroute. IV, 727. B. (Lat. *ruere*.)

RUGLISSEMENT, s. m., rugissement.

S

SAC, s. m., enveloppe grossière, couverture. I, 108, A.

SACCAGEMENT, s. m., action de saccager, pillage, sac.

SAILLANT, jaillissant.

SAILLIR, sortir, sauter, bondir. (Act., XIX, 40, 44.) *Saillir dedans.* (Act., XVI, 29.) (Lat. *salire*.)

SAINCTEREAU, s. m., petit saint, qui affecte la sainteté, qui a une sainteté de mauvais aloi.

SAPIENCE, s. f., sagesse (lat. *sapientia*).

SARTIE, s. f., agrès d'un vaisseau, mâture.

SAUVAGETÉ, s. f., qualité de ce qui est sauvage, barbare, grossier.

SAUVEMENT, s. m., salut. *Faire son sauvement*, se sauver, se tirer d'un danger. IV, 235, B.

SAUVETÉ, s. f., sûreté. *En sauveté*, en sûreté, hors de danger.

SAYE, s. m., tunique, manteau (lat. *sagum*). I, 706. A.

SCABEAU, s. m. escabeau.

SCEU, part. de *scavoir*, s. m., connais-sance. *De leur propre sceu et gré*, le sachant et le voulant. *De son sceu*, à sa connaissance. IV, 464, B.

SÉEZ-VOUS, impér. de *se seoir*, s'asseoir.

SÉGRÉGER, séparer, mettre à part (lat. *segregare*).

SEIGNEURIER, dominer.

SELLE, s. f., siége, chaise (lat. *sella*). (Matt., XXI, 12.)

SEMBLABLE (Le), la même chose. *Faire le semblable*, faire de même. *C'est le semblable de la chrestienté*, il en est de même dans l'Eglise chrétienne. IV, 417, A.

SEMBLANCE, s. f., ressemblance.

SEMBLER AVIS, estimer, juger, sembler bon.

SEMONCE, s. f., invitation. I, 366. B.

SEMONDRE, inviter. I, 366. A.

SENESTRE, adj., gauche. *La senestre*, la gauche, la main gauche (lat. *sinistra*).

SENS, s. m., jugement. *Le sens de la chair*, jugement charnel. I, 274. A.

SENTIR. *Et pourtant l'Evangile ne leur sentoit rien*, et pour cette raison l'Evangile était pour eux sans saveur, sans force. III, 273. B.

SEPMAINE, s. f., semaine.

SERF, s. m., serviteur appartenant à un maître (lat. *servus*). I, 214, B.

SERRA (SE), fut. de *se seoir*, s'asseoir.

SERRANT, adj., serré, avare, peu disposé à la libéralité. I, 371. B.

SERRÉEMENT, adv., d'une manière serrée.

SEULEMENT, à l'exception de. *Elie seulement*, Elie excepté.

SEUR, sûr, certain. *OEil mal seur*, œil qui ne distingue les objets que d'une manière vague et incertaine.

SEURTÉ, s. f., sûreté.

SI, conj., aussi, même, encore. *Quand tout le monde deveroit-estre enflammé de guerres, si ne devons-nous*, etc., même alors, encore ne devons-nous. IV, 517. A. *J'ay puissance de laisser ma vie et si de la prendre derechef.* (Jean, X, 18.) *Et si n'entre point par l'huis*, et n'entre pas non plus par la porte. II, 213. B. *Si faut-il*, encore faut-il. *Si ne pourront-ils*, encore ne, etc. *Si est-ce que*, toujours est-il que. — Ainsi, par conséquent. *Il ne se pollue point en touchant un ladre et si ne transgresse pas la Loy.* I, 211. B. (Marc, IX, 50.) — Cependant, toutefois. *Si ne voyons-nous point encore toutes choses luy estre sujetes.* (Héb. II, 8.) *Encore que les biens abondent à quelqu'un, si n'ha-il pas la vie par ces biens.* (Luc, XII, 15.) *Jà soit qu'il fust Fils, toutesfois si a-il apprins*, bien qu'il fût Fils, il a pourtant appris l'obéissance. (Héb. V, 8.) *Et si n'avoit pu estre guarie* et n'avait pu cependant, etc. (Luc, VIII, 43.)

SIENT, 3e p. plur. du prés. de *se seoir*, s'asseoir.

SIGNIFIAMMENT, adv., d'une manière significative, d'une manière qui exprime clairement et avec force une pensée, III, 146, A.

SIGNIFIANCE, s. f., signification. *Exprimer avec plus grande signifiance*, avec plus de force (lat. *significantia*).

SIMULATION, s. f., dissimulation, feinte, faux-semblant (lat. *simulatio*).

SINGULIER, adj., extraordinaire, considérable, remarquable, excellent. I, 167. A.

SOIN, s. m., souci, préoccupation. *Christ n'a pas voulu que ses disciples fussent du tout sans soin*, vécussent dans une complète insouciance. I, 256. B.

SOLICITUDE, s. f., souci, inquiétude, soin (lat. *sollicitudo*).

SOLU, résolu, expliqué, part. de *soudre*.

SOMME, au total, en résumé, en un mot.

SOMNE, s. m., sommeil, *Se lever du somne*, se réveiller de son sommeil. IV, 476, A.

SONGNEUSEMEMT, adv., soigneusement.

SOPHISTERIE, s. f., subtilités.

SORTE. *En sorte de*, à la façon de. *En sorte du monde*, selon l'usage du monde. I, 40, B.

SOUBSCRIPTION, s. f., souscription.

SOUCIER (SE), se mettre en peine de, prendre souci de. I, 397 A.

SOUDAR, ou **SOUDARD**, s. m., soldat.

SOUDRE, résoudre (un problème, une difficulté), expliquer.

SOUEF, SOUEFVE, adj., suave, doux, agréable.

SOUFFLEMENT, s. m., acte de souffler.

SOUFFRETEUX. *Les souffreteux*, pour les malades, les êtres souffrants.

SOUILLARD, s. m. et f., souillon, domestique employé à quelque bas office. I, 215. A.

SOUL, rassasié, repu.

SOULAS, s. m., soulagement, consolation.

SOULER, rassasier. *Se souler*, se gorger.

SOULOIR, avoir coutume (lat. *solere*). II, 192. A.

SOURD, 3e pers. du prés. de *sourdre*, sortir, jaillir. IV, 567. B.

SOURDAUT, qui a l'ouïe dure, qui entend mal.

SOUS, plus loin, ci-dessous. Employé pour indiquer le renvoi à un passage postérieur du même livre.

SOUSPEÇON, s. f., soupçon.

SOUSTENANCE, s., f., ce qui soutient,

ce qui sert d'appui, de fondement. IV, 395. Note.

SOUSTÉNEMENT, s. m., soutien. IV, 516. A.

SOUTE, ou SOULTE, s. f., solde, service, engagement militaire. IV, 484, A.

SOUVENANCE, s. f., souvenir, mémoire.

SOUVENTES FOIS, adv., souvent, plusieurs fois. *Il eust falu qu'il fust mort souventes fois.* IV, 463. A.

SPÉCIAL, PAR SPÉCIAL, EN SPÉCIAL, adv., spécialement, particulièrement. IV, 314, B.

SUBJET, ou SUJET, adj., soumis, assujetti. *Tenir Dieu subjet,* lui ôter sa liberté d'action. I, 299. A. *Estre sujet,* être sous la dépendance de quelqu'un, être soumis IV, 331. A. (Lat. *subjectus.*)

SUBMETTRE, soumettre (lat. *submittere*).

SUBMISSION, s. f., soumission, abaissement (lat. *submissio*).

SUBSTANCE, s. f., ce qui soutient, ce qui entretient la vie, le bien. *Elle avoit despendu toute sa substance en médecins,* dépensé tout son bien (Luc, VIII, 43). (Lat. *substantia.*)

SUBTIL, s. m., subtilité.

SUBVERTIR, renverser, ruiner, perdre quelqu'un, pervertir, pousser à la révolte (lat. *subvertere*).

SUFFISANT, adj., capable. *Géns qui seront suffisans d'enseigner.* (2 Tim., II, 2.)

SUIVRE, imiter. *Un homme suyvant les montagnes,* vivant à la manière des montagnards.

SUPERNEL, adj., qui est d'en haut (lat. *supernus*).

SUPERSUBSTANCIEL, adj., qui est au-dessus de toute substance ou aliment, essentiel, spirituel, dont l'âme se nourrit (lat. *supersubstantialis*). I, 481, B.

SUPPOSER, faire passer pour légitime un enfant né en dehors du mariage. *Supposer un enfant bastard avec les légitimes,* le mettre au nombre de ces derniers. II, 171. B.

SUPPOST, s. m., fauteur, partisan, soutien. *Suppost de la Loy.* I, 158, B.

SUR LE TEMPS, au temps, dans le temps.

SURMONTER, surpasser.

SURPRINS, surpris. *Surprinse à despourveu,* saisie à l'improviste. I, 24. A.

SURVENIR, venir en aide, subvenir.

SUS, ci-dessus, indique le renvoi à un passage antérieur du même livre. *Mettre à sus,* charger quelqu'un d'une faute, reprocher, accuser. II, 101. A. *Remettre sus,* relever, rétablir. *Sus! or sus donc!* interj., courage! or ça, voyons! allons! à l'œuvre!

<h1 style="text-align:center">T</h1>

TAILLE, s. f., imposition.

TANT, autant. *Tant comme il faut,* autant qu'il faut. I, 238. A. *Tant que,* jusqu'à ce que. (Jean, XIII, 38.) *Jusques à tant que,* jusqu'à ce que. IV, 566. A. *Tant moins,* d'autant moins.

TANTOST, adv., aussitôt après. (Luc, V, 39.)

TARD (A), adv., rarement. *Pource qu'il advient à tard qu'on acquière sans moyens illicites les richesses,* parce qu'il arrive rarement que, etc. I, 372. A. *Sur le tard,* adv., sur le soir, plus tard, tôt ou tard. IV, 518. B.

TARDIVETÉ, s. f., lenteur.

TAVERNIER, s. m., qui tient taverne.

TAXER, blâmer, reprendre, censurer. I, 349. B. (Lat. *taxare*).

TEINDRENT, pour *tinrent,* passé de *tenir.*

TEINST, pour *tint,* passé de *tenir.*

TELLEMENT QUELLEMENT, d'une manière telle quelle, sans différence.

TEMPÉRATURE, s. f., tempérament, manière d'être, complexion, constitution, organisation (lat. *temperatura*). I, 664. A.

TEMPESTER, faire du bruit, laisser échapper sa colère, exprimer son indignation.

TEMPESTUEUX, adj., orageux, tumultueux.

TEMPOREL, temporaire, momentané. I, 249. A.

TENDRETÉ, s. f., qualité de ce qui est tendre, délicat, faible, jeune. IV, 446. A.

TENIR, posséder, avoir, être maître. *Tenir moyen à*, employer le moyen de. I, 92. A. *Tenir tort à*, faire tort à quelqu'un. I, 162. A. *Tenir de court*, tenir serré, tenir ferme, contenir, maîtriser. I, 246. A. *Tenir mesure, tel qu'il appartient;* garder la mesure qui convient. I, 299. A. *Estre tenu à quelqu'un*, être obligé envers lui. (Rom., XV, 27.) (Lat. *tenere*.)

TENUE. *Bonne tenue*, fermeté, fidélité. I, 167. B.

TERMINATION, s. f., terminaison, fin, conclusion (lat. *terminatio*).

TERRIEN, adj., terrestre.

TEST, s. m., crâne, sommet, têt.

TESTIFIER, témoigner, attester, certifier (lat. *testificari*).

TEUST, tût, subj. de *taire*.

TIERCEMENT, adv., troisièmemnt.

TIERS, troisième. *Il envoya le tiers*, il envoya un troisième (serviteur). (Luc, XX, 14).

TIGNE, s, f., teigne, *insecte*.

TIRER, amener à soi, attirer, entraîner. *Tirer des mots*, les employer à son usage, les citer pour prouver son dire. I, 22. B. *Tirer à la personne de Christ une prophétie*, la rapporter à la personne de Christ. I, 58. B. *Tirer un passage au propos*, l'appliquer au sujet traité. III, 797. A. *Tirer un tesmoignage en un autre sens*, s'appuyer d'un témoignage en le détournant de son sens naturel. I, 133. A. *Tirer Christ en désespoir*, le pousser au désespoir. *Estre tiré hors du droit chemin*, s'écarter du droit chemin. I, 234. A. *Tirer à ouïr*, engager à écouter. I, 326. A. *Tirer en place marchande*, exposer aux yeux du public, mettre au grand jour, mettre en vue. I, 39. B. *Estre tiré en Bethléhem*, être attiré à B. *Estre tiré par la nécessité*, être contraint ou poussé par la nécessité.

TOMBER, arriver, se présenter, se rencontrer. *Ceste affection pouvoit tomber en Christ.* I, 216. A. (Lat. *cadere*.)

TONNÓIRRE, s. m., tonnerre.

TOST, adv., vite, promptement (lat. *cito*).

TOUCHER, tenir à, se rapporter à; regarder, traiter de. *En tant que touche le présent passage*, pour ce qui le concerne. I, 290. B. *Il ne me touche en rien*, il ne m'importe point.

TOURBE, s. f., la foule, la multitude (lat. *turba*).

TOURNER, traduire, rendre un sens ou un mot par un autre. *Tourner de mot à mot*, traduire littéralement. (Lat. *vertere*.)

TOURNOYER, se promener à l'entour, parcourir. *Jésus tournoyoit par toute Galilée*. (Matt., IV, 23.)

TOUT (Du), adv., entièrement, complétement.

TOUTES FOIS ET QUANTES, ou **TOUTES ET QUANTES FOIS**, aussi souvent que, toutes les fois que. Voy. *quantes*.

TRAFFIQUE, s. f., trafic, commerce. *Mauvaises trafiques*, trafic coupable.

TRAFFIQUEUR, s. m., trafiquant, commerçant.

TRAIN, s. m., manière de vivre ou d'agir, conduite. *Passage notable pour confermer le train continuel de la grâce de Dieu envers les siens*, la manière dont la grâce de Dieu agit continuellement envers les siens. IV, 342. B.

TRAINASSER, tirer, pousser de côté et d'un autre. I, 304. A.

TRANSLATEUR, s, m., traducteur (lat. *translator*).

TRANSLATION, s. f., traduction (lat. *translatio*).

TRANSPORTER, entraîner, pousser, dominer. *La crainte des hommes nous transporte.* I, 263. A. *Estre transporté d'une fausse opinion*, être gagné, séduit par une erreur. I, 140. A. *Un homme transporté*, extravagant, qui est hors de sens. I, 305. A.

TRAVAILLER quelqu'un, le fatiguer, lui donner de la peine, l'inquiéter (Marc, V, 35.)

TRÉBUSCHER, tomber. *Ceux qui sont trébuschez du tout n'en relèvent jamais* I, 342. A.

TRESPASSÉ, s. m., un mort.

TROISIÈME. *Pour le troisième, pour e troisième point*, en troisième lieu.

TROUBLEMENT, action de troubler. *Après le troublement de l'eau*, après que l'eau avait été troublée. (Jean, V, 4.)

TROUSSE. *Bailler la trousse*, déjouer, dépister. *Dieu baille la trousse à l'astuce de Satan par un merveilleux conseil*, Dieu déjoue la ruse de Satan par une admirable sagesse. II, 732. B.

TRUAND, vagabond, mendiant, vaurien.

TUMULTUEUX , adj., turbulent. *Esprits tumultueux.* I, 155. B.

U

UN. *Un chacun*, chacun. *Il n'y en a pas de cent l'un*, pas un sur cent. *Tout en un sens*, sens identique, sens absolument le même. I, 156. B.

V

VAGUER , errer, aller à l'aventure (lat. *vagari*).

VAILLANT, s. m., bien, richesses, fortune. *Ils ne font point de difficulté d'y employer tout leur vaillant*, d'y dépenser tout ce qu'ils ont. I, 269. B.

VALOIR. *Valoir autant à dire que*, signifier la même chose que. *Valoir le parler*, valoir la peine que l'on en parle.

VANTEREAU, s. m., vantard, fanfaron.

VEAUTRÉ (Estre), être étendu, être gisant. I, 45. B.

VEFVAGE, s. m., veuvage.

VEFVE, s. f., veuve.

VEINDRENT, pour *vinrent*, passé de *venir*.

VENDITION, s. f., vente, action de vendre (lat. *venditio*).

VENTANCE, s. f., sujet de se vanter, sujet de gloire. *Où est donc la ventance? Elle est forclose.* Où est notre sujet de gloire? il est exclu. (Rom., III, 27.)

VEOIR, voir. *Ne faut point que nous trouvions estrange si elle a cherché confirmation de sa foy par veoir le miracle que l'ange*, etc., dans la vue du miracle et. I, 28. B.

VERGONGNE, s. f., honte, pudeur.

VÉRISIMILITUDE , s. f. , vraisemblance (lat. *verisimilitudo*).

VERTUEUX. adj. Qui à la vertu de sanctifier. *Souffle vertueux de l'Evangile. — Parole vertueuse*, parole efficace pour rendre saint.

VERTUS , s. f., prodiges, miracles. (Matt., XI, 20.)

VESPRE, s. m., le soir (lat. *vesper*).

VESQUIT, VESQUISSENT, pour il vécut, ils vécurent; passé de *vivre*.

VEST, 3e p. du prés. de *vestir*. *Il nous vest*, il nous revêt. (Lat. *vestire*).

VEU QUE, conj. Vu que, attendu que.

VEY. *Je vey*, pour *je vis*, passé de *veoir*.

VI. *Je vi*, pour *je vis*, prés. de *vivre*.

VIF (Au), adv., d'une manière vivante. *La vive image du Père est représentée en moy au vif.* II, 295. B. D'une manière vive. *Il dépeint au vif l'ingratitude des hommes.* I, 130. A.

VILENE, fém. de VILEIN, adj.. grossier, sot, stupide. *Sophisterie vilene*, méchant sophisme.

VILENEMENT , adv., grossièrement, sottement, d'une manière choquante et méprisable (lat. *vilis*).

VILENER, faire des choses viles, méprisables. Salir, souiller.

VILLETE, s. f., petite ville, bourgade.

VIRER, tourner (lat. *gyrare*).

VISÉE, s. f. Direction de la vue à un certain point pour y atteindre. *Elle ha là droitement sa visée.* C'est là directement le but auquel elle vise. IV, 491. B.

VITUPÈRE, s. f., blâme, reproche, censure (lat. *vituperatio*).

VITUPÉRER, blâmer, censurer (lat. *vituperare*).

VIVRE, s. m., subsistance, moyens d'existence, aliment. *Attendre de la main de Dieu leur vivre paisiblement*, les moyens de vivre paisiblement, I, 193. B.

VOIRE, conj., et même.

VOIREMENT, adv., même, à la vérité.

VOISE, subj. de *voyer*, faire voye, cheminer, aller (lat. *via*). II, 164. B.

VOLÉE (A la), adv., à la légère, légèrement, inconsidérément.

VOLONTÉ. *A la miene volonté. A moi ne tienne que*; je ne m'oppose pas à ce que. IV, 392. A.

VOYAGER, s. m., voyageur.

VOYE. *Faire voye*, frayer le chemin.

VUEIL (Je). Je désire, je veux. *Je vueil que les hommes facent prière.* (1 Tim., II, 8.)

VUEILLE, subj. de *vouloir*, pour *je veuille*.

VUIDER. *Va hors de cest homme*, sors de, etc. (Marc V,

Y

YVRONGNE, s. m., ivrogne.

YVROYE, s. f., ivraie.

www.ingramcontent.com/pod-product-compliance
Ingram Content Group UK Ltd.
Pitfield, Milton Keynes, MK11 3LW, UK
UKHW022345120726
13694UKWH00004B/1691